아시아에서 만난 우리 역사

아시아에서 만난
우리 역사

강응천 지음

유럽보다 멀어 보이던 아시아,
이제 우리의 진짜 이웃으로 다가온다!

한림출판사

차례

　오랫동안 우리에게 아시아는 세계보다 더 낯선 단어였습니다. 우리는 가까운 아시아보다 비행기를 타고 10시간씩 가야 하는 미국과 유럽의 나라들을 훨씬 더 친근하게 여겼습니다. 미국과 유럽은 우리가 배워야 할 것으로 가득 찬 선진국인 반면 아시아의 나라들은 경쟁자일 뿐이었죠.

　2019년 말 발생해 세계를 휩쓴 코로나19 변종 바이러스는 그런 우리 생각에 작지 않은 변화를 일으켰습니다. 우리가 오랜 세월 그렇게 부러워하며 닮고 싶어 했던 미국과 유럽의 선진국들이 코로나19에 속수무책으로 당하는 모습 때문이었습니다. 그에 비하면 아시아 나라들은 초기에 코로나19를 막아 내는 데 어느 정도 성공한 편이죠. 미국과 유럽의 나라들은 우리나라, 타이완, 베트남 등이 코로나19에 어떻게 대처했는지 연구하기도 했습니다. 이번 일은 세계의 중심이 서에서 동으로 넘어가는 흐름을 보여 주는 하나의 사례라고 이야기하는 사람들도 있습니다. 물론 코로나에 대한 백신을 개발하고 확보하는 과정에서 볼 수 있었던 것처럼 과학 기술과 경제력, 군사력 등에서 서방 선진국은 아직 대다수 아시아 나라들보다 뛰어납니다. 하지만 분명한 것은 그 차이가 눈에 띄게 줄어들고 있다는 사실이죠.

아시아 나라들이 미국과 유럽의 나라들을 앞서지는 않더라도 서로 대등하게 세계를 이끌고 갈 날은 눈앞에 와 있는 것 같습니다. 그런데도 우리는 아직 아시아에 대해 머나먼 미국과 유럽만큼도 알지 못합니다. 앞으로도 계속 이럴 수는 없죠. 아시아는 지리적뿐만 아니라 경제적, 문화적으로도 우리와 점점 더 가까워지고 있습니다. 그리고 우리에게 중요해지고 있습니다.

이 책은 그런 우리의 이웃들에 대한 심리적 거리감을 좁히고 그들에게 친근하게 다가가기 위해 준비되었습니다. 이 책은 아시아의 여러 나라들이 오래전부터 우리와 다양한 방식으로 친근한 관계를 맺어 왔다는 사실을 알려 줄 것입니다. 지리적으로 가까워서 그저 놀러 가기 좋다고 생각했던 나라들, 이름부터 낯설어서 별 관심이 없던 나라들에서 생각지도 못했던 우리 조상들의 자취를 발견할 수 있습니다. 세계보다 멀게 느껴졌던 아시아의 이웃 나라들과 가까워지고 친해지는 데 이 책이 작은 도움이 되기를 바랍니다.

2020년 겨울

강응천

젊디젊은 아시아 나라들은 힘차게 새로운 역사를 창조해 나가고 있어요. 오늘날 아시아는 오랜 전통과 새로운 문화가 어우러져 있습니다. 아시아는 다양한 문화, 다양한 역사와 전통을 가진 나라들이 젊은 기운을 내뿜으며 새로운 문화를 함께 머금고 있습니다.

아시아와
우리

아시아는 역사가 아주 오랜 대륙이면서 또한 매우 젊은 대륙입니다. 이게 무슨 말일까요?

세계에서 가장 먼저 문명이 시작된 지역을 네 곳만 꼽아보세요. 이집트 문명, 메소포타미아 문명, 인더스 문명, 황허 문명……. 교과서에 세계 4대 문명이라고 나오는 곳들이지요? 그중에서 이집트 문명만 아프리카에서 일어났고 나머지 세 곳은 모두 아시아에서 일어난 문명이랍니다. 그러니 아시아가 지구상에서 역사가 가장 오랜 대륙일 수밖에요.

하지만 오랜 역사를 자랑하는 아시아의 문명국가들은 근대 들어 차례차례 망해 갔답니다. 천재지변이나 외계인 공격때문에 망한 것도 아니에요. 유럽 사람들이 총과 대포를 앞세워 이곳에서 잘살고 있던 사람들을 정복하고 지배했기 때문입니다. 나중에는 미국과 일본도 침략 대열에 끼어들었죠.

세계에서 가장 먼저 문명이 시작된 네 곳

아시아의 여러 민족이 나라 없는 설움을 씻어 나간 것은 아직 100년도 안 지난 1945년부터랍니다. 그때 강대국들이 일으킨 제2차 세계대전이 끝나자, 강대국들의 지배를 받던 민족들이 하나둘 독립을 쟁취하기 시작했거든요.

2018년 아시안 게임
인도네시아 자카르타, 팔렘방에서 열린 아시안 게임에는 아시아 45개국에서 1만 1,300명의 선수들이 참여하였다. 4년에 한 번씩 아시아 나라들의 우호와 평화를 촉진할 목적으로 열린다.

아시아 나라들이 4년에 한 번씩 모여 단합을 도모하는 아시안 게임은 1951년 인도 뉴델리에서 처음 열렸어요. 그때만 해도 아시아 많은 나라들이 식민지를 벗어나지 못하고 독립을 위해 힘겨운 싸움을 하고 있었지요. 1999년 포르투갈의 지배를 받던 마카오가 중국에 반환될 때까지 이런 싸움은 계속되었답니다. 이렇게 20세기 중반 이후 아시아 여러 나라가 다시 태어났으니 아시아가 젊은 대륙일 수밖에요.

이처럼 젊디젊은 아시아 나라들은 힘차게 새로운 역사를 창조해 나가고 있어요. 오늘날 아시아는 오랜 전통과 새로운 문화가 어우러지며 뜨거운 용광로처럼 이글거리는 대륙이랍니다. 그 대륙의 힘찬 용트림과 함께 해 볼까요?

우리는 언제부터 아시아였을까?

　한국이 아시아에 있다는 것을 모르는 한국인이 있을까요? 그러나 100년 전만 해도 우리 조상 중에서 아시아가 무슨 뜻인지 아는 사람은 거의 없었어요. 조선 시대에는 임금부터 백성에 이르기까지 거의 아무도 아시아라는 말을 들어 보지 못했어요.

　그렇다면 옛날에는 우리가 사는 대륙을 뭐라고 불렀을까요? 조선 시대에는 이 세상의 중심에 중국이 있고 우리는 그 동쪽에 있다고 생각했어요. 중국 서쪽에 있는 나라들을 뭉뚱그려 서역(西域)이라 불렀죠.

옛날에는 중국의 광저우와 인도네시아의 수마트라를 잇는 선의 동쪽을 동양, 서쪽을 서양이라 했다.

광저우

서양 ← / → 동양

수마트라

동양(東洋)이라는 말도 있었지만, 지금하고는 가리키는 범위가 달랐어요. 지금은 아시아 전체를 동양이라고 하지요? 하지만 조선 시대에는 중국의 광저우와 인도네시아의 수마트라섬을 잇는 선의 동쪽을 동양이라 하고 서쪽을 서양이라 했답니다.

정작 아시아라는 말을 처음 쓴 것은 아시아 사람들이 아니라 유럽 사람들이었어요. 유럽 사람들이 처음 아시아라는 말을 썼을 때는 지금의 아시아 대륙 전체가 아니라 그냥 유럽 동쪽 지역을 가리켰답니다.

고대 그리스 신화에는 아시아라는 이름을 가진 여신이 나와요. 대양의 신 오케아노스의 딸들을 오케아니데스라고 하는데, 그중 한 명이 아시아였죠. 이 여신의 이름이 나중에 그리스의 동쪽 지역인 지금의 터키, 시리아, 이집트 등 서남아시아 일대를 가리키게 되었답니다.

로마 사람들은 자기네 동쪽 지역을 오리엔트라고 불렀어요. 오리엔트는 라틴어로 '해가 뜨는 곳'을 의미하는 말이죠. 그때 이 말은 이집트, 메소포타미아 등 고대 문명이 발달한 곳을 가리켰죠. 처음에 로마 사람들이 아시아나 오리엔트는 동쪽을 우러러보면서 부른 말이었답니다.

그런데 그리스나 로마 사람들이 이곳을 우러러보던 마음은 점점 더 약해졌어요. 로마가 멸망할 무렵 유럽에는 기독교가 보급되고, 서남아시아에는 이슬람교가 퍼졌지요. 그때

유럽

아시아

오리엔트

아프리카

인도양

오세아니아

예전에 로마 사람들은 동쪽
지역을 오리엔트라고 불렀다.
지금의 터키, 시리아 등 서남
아시아 일대가 당시의 오리
엔트 지역이다.

유럽 사람들은 십자군을 일으켜 이슬람 국가들과 치열한 전
쟁을 벌였답니다. 당시에 유럽 사람들 사이에 서남아시아의
이슬람교 신자들이 야만적인 이교도라는 생각이 퍼져 나갔
답니다.

　15세기 말부터 유럽 나라들은 배를 타고 바다로 진출해
아메리카와 아프리카를 식민지로 삼고 아시아에도 손을 뻗
쳤어요. 인도와 동남아시아가 먼저 유럽의 손에 들어가고,
우리나라가 있는 동아시아가 가장 늦게 유럽의 침략을 받았
지요. 20세기에 아시아에서 식민지나 반식민지가 되지 않은
나라는 일본과 타이 두 나라뿐이었답니다.

이처럼 유럽이 아시아 대륙 전체를 지배하면서 예전에는 서남아시아만 가리키던 아시아라는 말이 지금의 아시아 전체를 가리키게 되었어요. 그리고 서로 아무런 공통점도 없던 아시아의 여러 나라들이 하나의 특징을 갖게 되었죠. 그 공통점이란 바로 서양의 지배를 받는 후진국이라는 사실이었어요.

　1945년 제2차 세계대전이 끝나자 서양의 식민 지배를 받던 아시아의 여러 민족이 독립을 이룩해 나갔어요. 인도와 말레이시아는 영국으로부터, 필리핀은 미국으로부터, 인도네시아는 네덜란드로부터, 베트남과 캄보디아는 프랑스로부터 독립했지요. 이렇듯 힘겨운 싸움 끝에 새롭게 태어난 아시아 나라들은 식민 지배의 어두운 유산을 떨쳐 내고 경제 성장과 민주화를 이룬다는 공통의 과제를 안게 되었어요.

　아시아를 지배했던 서양 사람들은 주로 기독교를 숭배하지요. 하지만 아시아는 종교와 문화가 다양하답니다. 중국과 한국은 유교 문화의 전통이 강하고, 타이와 미얀마는 독실한 불교 국가인가 하면, 필리핀 같은 가톨릭 국가도 있고 말레이시아나 인도네시아 같은 이슬람 국가도 있지요. 이처럼 다양한 문화, 다양한 역사와 전통을 가진 나라들이 젊은 기운을 내뿜으며 새로운 시대를 향해 나아가고 있어서 아시아 대륙의 미래는 매우 밝답니다.

아시아는 얼마나 클까?

지구의 전체 면적은 약 5억 1400만 제곱킬로미터랍니다. 바다를 뺀 육지의 넓이는 1억 4800만 제곱킬로미터로 전체 면적의 약 29퍼센트지요. 너무 커서 실감이 안 난다고요? 남북한을 합친 한반도가 670개 더 있으면 전 세계의 육지가 된다고 생각해 보세요. 그러면 느낌이 오지 않을까요?

자, 그렇다면 이렇게 넓은 세계에서 아시아가 차지하는 비중은 얼마나 될까요? 지도를 펼쳐 놓고 보면 알 수 있겠지만, 아시아는 전 세계 6대륙 가운데 가장 넓은 대륙이에요. 전 세계의 약 30퍼센트, 약 4460만 제곱킬로미터가 아시아 대륙이랍니다.

전 세계 육지의 약 30퍼센트를 차지하는 현재의 아시아 대륙

아시아 다음으로 넓은 대륙은 아프리카이고 그 뒤를 북아메리카, 남아메리카, 유럽, 오세아니아가 따르고 있지요. 조금 이상하다고요? 지도를 펼쳐 놓고 보면 북아메리카가 아프리카보다 훨씬 더 커 보인다고요? 그렇군요. 심지어는 유럽도 아프리카보다 더 커 보이죠?

세계 지도가 이렇게 보이는 것은 둥근 지구를 평면에 표현하면서 왜곡이 생기기 때문이랍니다. 사회과 부도에 나오는 세계 지도는 메르카토르 도법으로 그린 지도예요. 메르카토르 도법이란 16세기에 네덜란드 지리학자인 메르카토르가 개발한 지도 그리는 방법이지요. 이 도법으로 그린 지도는 배를 타고 항해할 때 쓰기 좋은 장점이 있어요. 배가 많이 다니는 적도와 그 주변은 정확하게 그려져 있으니까요. 하지만 북극과 남극으로 갈수록 실제보다 비율이 커지는 단점이 있답니다. 그러니까 북극에 가까운 북아메리카와 유럽이 아프리카보다 더 커 보이는 거죠.

자, 그러면 세계에서 가장 넓은 대륙인 아시아에서 가장 넓은 나라는 어디일까요? 여러분은 지도를 보면 아마도 "러시아입니다!"라고 외칠 거예요. 러시아는 유럽과 아시아에 걸쳐 있는 나라지만 유럽 쪽만 따로 떼어 놓고 봐도 유럽에서 가장 넓고, 아시아 쪽만 따로 떼어 놓고 봐도 아시아에서 가장 넓어요. 정말 엄청나게 넓은 나라죠. 하지만 러시아는 스스로 아시아가 아니라 유럽에 속한 나라라고 생각하니까

메르카토르 도법 지도

북아메리카가 아프리카보다 훨씬 더 커 보인다. 둥근 지도를 평면에 표현하면서 왜곡이 생기기 때문이다. 이 도법은 지구의 적도와 맞닿은 세로형의 원통 도법을 기본으로 하기 때문에 적도 부분은 실제 거리와 똑같으나 고위도로 갈수록 실제 거리보다 길어지고 왜곡된다. 따라서 극지방으로 갈수록 땅의 크기가 실제와는 다르게 더 부풀려진다.

페터스 도법 지도

우리가 익숙하게 봐 오던 지도와는 모습이 다르다. 각 대륙의 모양이 전체적으로 길쭉하게 보여서 언뜻 보기에도 모양이 실제와 다름을 알 수 있다. 이 지도는 메르카토르 도법보다 땅의 면적이 실제와 가깝지만 땅의 모양이 왜곡된다. 아프리카는 실제 모양보다 남북으로 길쭉하게 그려지고, 그린란드의 경우는 실제보다 더 납작하게 그려진다.

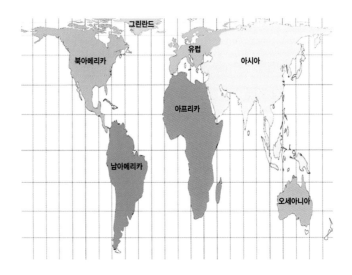

여기서는 일단 빼놓고 봅시다. 왜 러시아가 유럽 쪽에 붙으려 하는지는 조금 뒤에 다시 이야기하게 될 거예요.

러시아의 아시아 지역 영토를 시베리아라고 해요. 중국과 중앙아시아 나라들 위에 거대하게 누워 있는 추운 지역이죠. 시베리아를 빼고 아시아에서 가장 넓은 나라는 중국이랍니다. 시베리아 아래에 나비처럼 날개를 벌리고 있는 중국은 아시아 대륙의 22퍼센트에 이르는 넓은 나라예요. 시베리아를 뺀 아시아에서는 30퍼센트에 이르지요.

중국 다음으로 넓은 나라는 인도, 카자흐스탄, 사우디아라비아 순으로 이어져요. 우리나라는 약 10만 제곱킬로미터로 하위권에 있어요. 북한이랑 통일하면 22만 제곱킬로미터가 되어 좀 더 올라갈 텐데……. 아쉽죠?

그렇다면 아시아에서 가장 작은 나라는 어디일까요? 중국의 특별 행정 구역인 마카오를 빼면 인도양의 섬나라인 몰디브가 가장 작군요. 이 나라의 섬들을 다 합쳐 봐야 우리나라의 전라북도 전주시와 비슷한 크기랍니다. 그다음은 말레이반도 끝에 자리 잡은 도시 국가 싱가포르예요. 싱가포르는 서울특별시 정도의 넓이를 가지고 있군요. 부산광역시만 한 바레인과 인천광역시만 한 홍콩도 아시아에서 손꼽히는 작은 나라죠.

세계에서 가장 넓은 대륙 아시아에는 과연 얼마나 많은 사람이 살고 있을까요? 아까 아시아가 세계 육지의 약 30퍼센드를 차지한다고 했죠? 그런데 그곳에 사는 사람들은 전 세계 인구의 60퍼센트가 넘어요. 2020년 기준으로 46억 명에 이르는 사람들이 아시아 대륙에 살고 있답니다. 땅도 넓지만 사람은 훨씬 더 많은 거죠.

사람이 많아도 너무 많은 아시아, 그중에서도 가장 많은 사람이 북적거리는 나라는 중국이랍니다. 땅만 큰 게 아니라 사람도 많지요. 중국 인구는 2019년 기준으로 약 14억 명으

아시아에서 가장 넓은 나라 10개국

아시아 총 면적 : 4457만 9,000km² (통계청 KOSIS 기준, 2020년)

10위
우즈베키스탄 (44만 8,920km²)

3위
카자흐스탄 (272만 4,900km²)

7위
몽골 (156만 4,120km²)

9위
투르크메니스탄 (48만 8,100km²)

28위
대한민국 (10만 360km²)

6위
이란 (174만 5,150km²)

1위
중국 (960만 km²)

8위
파키스탄 (79만 6,100km²)

4위
사우디아라비아 (214만 9,690km²)

2위
인도 (328만 7,260km²)

5위
인도네시아 (191만 6,820km²)

로 아시아뿐 아니라 세계에서도 1등이죠. 아시아에서 두 번째로 넓은 나라인 인도 인구는 약 13억 6천만 명으로 2등이에요. 인도 다음으로는 인도네시아, 파키스탄, 방글라데시 순으로 많은 인구를 자랑하지요. 인구가 많다는 게 꼭 자랑거리일지는 모르겠지만 말이죠.

우리나라는 약 5천만 명으로 45개국 중 11위랍니다. 땅은 작은데 사람 수는 만만치 않죠? 인구가 100만 명이 채 안 되는 나라는 마카오를 빼면 네 곳이 있어요. 몰디브, 브루나이, 부탄, 동티모르가 그런 나라들이랍니다.

아시아 나라별 인구 순위

(통계청 KOSIS 기준, 2019년)

순위	나라	인구
1위	중국	13억 9771만 5,000명
2위	인도	13억 6641만 7,754명
3위	인도네시아	2억 7062만 5,568명
4위	파키스탄	2억 1656만 5,318명
5위	방글라데시	1억 6304만 6,161명
6위	일본	1억 2626만 4,931명
7위	필리핀	1억 811만 6,615명
8위	베트남	9646만 2,106명
9위	터키	8342만 9,615명
10위	이란	8291만 3,906명
11위	대한민국	5170만 9,098명

자, 그렇다면 아시아에서 가장 잘사는 나라는 어디일까요? 땅도 넓고 사람도 많은 중국이 역시 돈도 가장 많군요. 중국은 2019년 한 해에 약 1경 7000조 원을 벌어들였어요. '경(京)'이라는 숫자는 처음 들어 봤다고요? 조(兆)의 1만 배, 그러니까 동그라미가 무려 16개나 붙는 엄청난 숫자예요. 우리나라가 약 1900조 원을 벌었으니까 우리보다 약 9배 더 번 셈이네요.

그런데 중국의 인구는 우리보다 30배 가까이 많아요. 그러니까 한 사람이 평균적으로 번 돈은 우리가 중국보다 더 많죠? 여기서 알 수 있는 것처럼 나라가 잘산다고 해서 그 나라에 사는 개인들이 다 잘사는 건 아니랍니다. 그 나라가 벌어들인 돈을 사람 수로 나눈 1인당 소득이 아시아에서 가장 높은 나라는 석유로 부자가 된 카타르예요.

중국처럼 나라가 넓고 인구가 많으면 부자 나라가 될 가능성은 높아지죠. 하지만 진짜 중요한 건 국민들이 고루 잘사는 것 아닐까요? 카타르는 1인당 평균 소득이 1억 원에 육박하지만 모든 국민이 그렇게 많은 돈을 버는 건 아니랍니다. 평균 소득보다 훨씬 더 많은 혜택을 누리는 사람도 있지만, 그보다 훨씬 더 낮은 임금에 허덕이는 노동자들도 적지 않다더군요. 그건 우리나라를 비롯한 다른 나라도 마찬가지죠. 아시아의 모든 사람, 나아가 세계의 모든 사람이 고루 잘사는 세상을 꿈꾸게 되는군요.

아시아는 얼마나 멀까?

아시아 여러 나라 가운데 우리나라에서 가장 멀리 떨어져 있는 나라는 예멘입니다. 지도를 펴고 아라비아반도를 찾아보면 이 반도가 마치 군화처럼 생겼다는 걸 알 수 있어요. 그 군화의 대부분은 사우디아라비아가 차지하고 있고, 예멘은 그 군

우리나라에서 가장 멀리 떨어져 있는 아시아 국가인 예멘

화의 발굽에 해당하는 곳에 있어요. 이처럼 아라비아반도의 발굽을 이루고 있는 나라인 예멘의 수도 사나는 서울에서 직선거리로 무려 8,359킬로미터나 떨어져 있지요.

오스트레일리아의 수도 캔버라까지가 8,431킬로미터이고 프랑스 파리까지가 8,978킬로미터니까 얼마나 먼 거리인지 알겠죠? 비행기를 타면 12시간도 넘게 걸리는 곳이랍니다. 아시아에 더 많은 땅이 있으면서도 유럽 국가로 행세하는 러시아의 수도는 모스크바죠? 그 모스크바는 유럽 대륙에 있는데도 서울에서 6,600킬로미터 떨어져 있어요. 아시아 국가인 예멘의 사나가 모스크바보다 거의 2,000킬로미터나 더 멀리 있는 거랍니다.

자, 그러면 우리나라에서 가장 가까운 나라는 어디일까요? 그거야 물론 북한이지요. 평양은 서울에서 200킬로미터도 되지 않아요. 하지만 북한을 다른 나라라고 하자니 우울해지는군요. 북한은 그냥 우리나라라고 하자고요. 어차피 대한민국 헌법에도 우리 영토는 북한까지 포함한 한반도와 부속 도서로 되어 있잖아요?

북한을 빼면 서울에서 가장 가까운 나라의 수도는 중국의 베이징으로 954킬로미터 떨어져 있죠. 1,000킬로미터가 채 안 되는군요. 그다음이 일본의 도쿄로 1,159킬로미터 떨어졌네요. 역시 우리나라 역사 교과서에서도 가장 많이 볼 수 있는 중국과 일본답군요.

서울을 중심으로 반지름 2,000킬로미터짜리 동심원을 그렸을 때 그 안에 들어오는 나라의 수도는 타이완의 타이베이(1,656킬로미터), 몽골의 울란바토르(1,997킬로미터)가 있어요. 중국, 일본, 타이완, 몽골 등 서울에서 2,000킬로미터 거리 이내에 있는 나라들은 '동북아시아'라 불리는 지역에 속한답니다.

그 바깥으로 눈을 돌려 반지름 4,000킬로미터 안에는 어떤 나라들이 있을까요? 모두 11개의 나라가 보이네요. 필리핀, 베트남, 타이……. 이름을 보니까 대부분 '동남아시아'에 속해 있는 나라들이군요. 인도 북쪽에 있는 부탄의 수도 팀부(3,653킬로미터)만 빼면 말이죠. 그러니까 동북아시아와 동

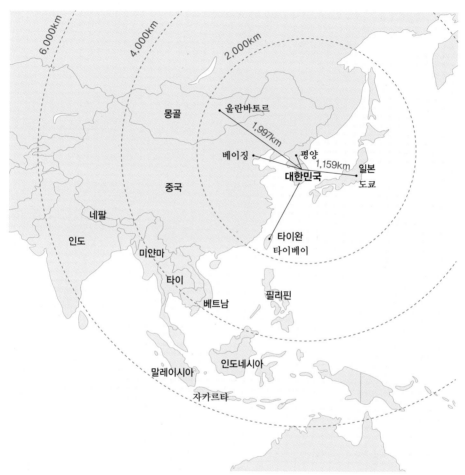

중국, 일본, 타이완, 몽골 등 '동북아시아'는 서울에서 2,000킬로미터 이내에 있고, 그중 베이징은 서울에서 가장 가까운 나라의 수도이다. 가장 멀리 떨어져 있는 나라는 예멘으로 서울에서 예멘 수도인 사나까지는 8,359킬로미터 떨어져 있다.

남아시아를 합친 '동아시아' 나라들은 4,000킬로미터 안에 있는 셈입니다.

네팔, 인도, 파키스탄, 스리랑카 같은 나라들은 '남아시아'에 있다고들 하지요. 이 나라들 위에 있는 키르기스스탄, 카자흐스탄, 우즈베키스탄 같은 나라들은 보통 '중앙아시아'라고 해요. 이런 남아시아와 중앙아시아의 나라들은 대개 4,000~6,000킬로미터 안에 모여 있어요. 말레이시아의 쿠알라룸푸르(4,620킬로미터)와 인도네시아의 자카르타(5,304킬로미터)는 동남아시아 국가이면서도 좀 멀지만 말이죠.

5,000킬로미터 좀 넘게 떨어져 있는 자카르타만 해도 인천공항에서 비행기를 타고 7시간이 넘게 걸린답니다. 그러니 6,000킬로미터 이상 떨어진 나라는 얼마나 먼 걸까요? 아시아에는 그렇게 먼 나라가 열다섯 곳이나 된답니다. 이 나라들은 인도양에 있는 몰디브만 빼면 이란, 이라크, 쿠웨이트, 이스라엘 등 모두 서남아시아에 있어요. 그러니까 서남아시아는 우리나라에서 볼 때 유럽처럼 먼 곳이에요. 올림픽이나 월드컵 아시아 지역 예선이 열리면 우리나라 대표 선수들은 서남아시아 선수들하고 겨루기 위해 그 먼 거리를 날아가야 한답니다. 정말이지 아시아는 넓어도 너무 넓은 대륙이군요!

아시아는 지금 몇 시일까?

저녁을 먹고 시계를 보니까 이제 막 7시를 가리키고 있네요. 지금 이 시간, 아시아의 다른 나라들은 몇 시일까요? 시침과 분침이 우리랑 똑같은 시간을 가리키고 있는 나라도 있을까요?

세계의 시간은 영국의 그리니치 천문대를 기준으로 동쪽으로 가면 빨라지고 서쪽으로 가면 느려져요. 아시아 대륙의 동쪽 끝에 있는 우리나라와 일본은 그리니치 천문대보다 9시간 빠르지요. 일본보다 더 동쪽으로 가면 넓고 넓은 태평양이기 때문에 아시아뿐 아니라 이 세상에서 우리나라보다 시간에서 앞서가는 나라는 거의 없어요.

우리나라와 일본은 시간이 똑같이 가니까 지금 이 시간 일본 어린이들도 저녁을 먹고 이를 닦거나 산책을 하거나 소파에 앉아 쉬고 있겠군요. 일본 말고는 지금 우리랑 시간이 같은 나라는 또 없을까요?

있어요. 인도네시아와 동티모르예요. 인도네시아가 우리랑 시간이 같다고요? 이상하게 생각하는 독자도 많을 거예요. 그래요. 인도네시아는 태평양에 동서로 길게 누워 있는 섬나라이기 때문에 어떤 곳은 우리나라보다 훨씬 더 서쪽에 있어요. 우리보다 서쪽에 있다는 것은 우리보다 그리니치 천문대에 더 가깝다는 뜻이기 때문에 시간은 우리보다 늦어요.

하지만 우리나라에서 남쪽으로 길게 선을 그으면 만나는 곳에도 인도네시아의 섬이 있지요. 말루쿠 제도예요. 바로 이 섬에 사는 사람들은 우리나라와 같은 시간을 쓴답니다.

자, 그러면 우리랑 일본이랑 인도네시아 말루쿠 제도와 동티모르가 7시일 때 아시아의 다른 나라들은 몇 시인지 한 번 알아볼까요?

얼마 전까지만 해도 우리보다 30분 늦은 나라가 있었어요. 좀 이상하지 않아요? 1시간 늦거나 2시간 늦으면 몰라도 30분 늦다니요? 그런데 더 이상한 것은 그 나라가 바로 북한이었다는 거예요. 북한은 다른 나라도 아니지만 설령 외국이라 해도 우리나라 바로 위에 있는데 왜 우리랑 시간이 달랐을까요? 그것도 1시간이 아니라 30분이었을까요?

그건 북한이 표준 시간을 그리니치 천문대보다 8시간 30분 늦게 맞추겠다고 국제 사회에 선포했기 때문이었어요. 어떤 나라든 상식을 크게 벗어나지 않는 선에서 자기 나라 시간을 정할 권리가 있거든요. 북한은 우리나라가 일본과 비교해서 해가 뜨고 지는 시간이 평균적으로 30분 정도 늦기 때문에 그렇게 하는 게 낫다고 2015년에 결정했어요. 우리의 자연적인 시간이 일본보다 30분 정도 늦은 건 맞는 말이긴 해요. 하지만 우리랑 같은 민족의 나라인데 서로 시간이 다른 건 좀 문제가 있었죠. 남북한 사람들이 서로 오가려면 불편하니까요. 다행히 2018년에 남북한 정상이 만나면서 북한의 시간을 예전처럼 돌려놓기로 했답니다.

우리보다 1시간 늦어서 지금 저녁 6시인 나라는 어디일까요? 이 시간대에는 아시아에서 가장 많은 나라들이 몰려 있어요. 먼저 중국이 지금 6시이고, 중국의 일부인 홍콩과 마카오도 같은 시간이에요. 중국이 통일을 꿈꾸고 있는 타이완 역시 6시지요. 그뿐인가요. 몽골, 필리핀, 브루나이, 말레이시아, 싱가포르, 인도네시아가 지금 다 6시라서 이곳의 어린이들은 한창 맛난 저녁 식사를 하고 있을 겁니다. 인도네시아는 또 나오네요. 인도네시아가 세계에 자랑하는 관광지인 발리섬이 바로 지금 6시랍니다. 발리로 신혼여행을 떠난 이모와 삼촌들은 지금 한창 야외 식당에서 맛난 구이 요리를 즐기고 있겠군요.

우리보다 2시간 늦은 저녁 5시인 나라는 또 어디일까요? 베트남, 타이, 인도네시아 같은 동남아시아 국가들이네요. 인도네시아는 여기 또 나와요. 수도인 자카르타가 있는 자바섬이랍니다. 인도네시아는 이렇게 한 나라에 시간대가 셋이나 있어요. 하긴 뭐 아시아에서 다섯 번째로 큰 나라니까요. 그러면 아시아에서 가장 넓은 중국은 시간대가 더 많을까요? 그렇지 않아요. 중국의 영토는 서쪽으로 길게 뻗어 있지만 나라 안에서는 모두 같은 시간대를 사용한답니다. 그러다보니 중국의 서쪽 끝에 있는 신장 위구르 자치구에 사는 사람들은 아직 해도 안 떴는데 아침 9시가 넘을 때도 많답니다.

아시아는 지금 몇 시일까?

대한민국을 19시(저녁 7시)로 본 시차 대조표

19시	대한민국 / 동티모르 / 인도네시아(말루쿠) / 일본
18시	말레이시아 / 몽골 / 인도네시아(발리) / 중국(홍콩 마카오) / 타이완 / 필리핀
17시	라오스 / 베트남 / 인도네시아(자카르타) / 캄보디아 / 타이
16시	방글라데시 / 부탄 / 카자흐스탄 / 키르기스스탄
15시	몰디브 / 우즈베키스탄 / 타지키스탄 / 투르크메니스탄 / 파키스탄
14시	아랍에미리트 / 오만
13시	사우디아라비아 / 예멘 / 이라크 / 쿠웨이트
12시	레바논 / 시리아 / 요르단 / 이스라엘

자, 그러면 지금 이 순간 아시아에서 시간이 가장 늦은 나라는 어디일까요? 수도 사이의 직선거리로 따지면 우리나라에서 가장 멀리 떨어진 예멘일까요? 예멘은 지금 오후 1시, 그러니까 우리보다 6시간이 늦어요. 하지만 예멘이 아시아에서 가장 늦은 나라는 아니에요. 예멘과 비슷한 위치에 있는 시리아, 레바논, 이스라엘, 요르단 네 나라가 가장 늦어서 지금 딱 낮 12시랍니다. 우리나라보다 7시간 늦은 거지요. 내전이 한창인 시리아의 어린이들은 지금 점심이라도 제대로 먹을 수 있을까요?

　이처럼 아시아는 땅이 넓으니까 시간대도 정말 다양하고 넓어요. 가장 빠른 나라와 가장 늦은 나라의 차이가 7시간이니까 말이에요. 유럽은 가장 동쪽에 있는 러시아의 모스크바와 가장 서쪽에 있는 포르투갈의 시차가 3시간밖에 나지 않거든요. 그러니까 월드컵 축구 지역 예선을 할 때 유럽 선수들은 아무리 멀리 가도 3시간의 시차만 이겨 내면 되죠. 하지만 우리나라 대표 선수들은 때때로 한나절 이상의 시차를 극복하면서 사투를 벌여야 한답니다. 아시아는 정말 넓고 시차도 정말 크답니다.

이 나라는 왜 아시아에서 나가려 할까?

이미 살펴본 것처럼 아시아는 세계에서 가장 넓은 대륙입니다. 두 번째로 넓은 아프리카보다도 1.5배나 더 크죠. 하지만 아시아 국가가 아니라고 주장하는 러시아를 빼면 3179만 제곱킬로미터가 되어 3036만 제곱킬로미터인 아프리카와 막상막하일 만큼 줄어든답니다. 러시아의 아시아 지역인 시베리아가 아시아 대륙에서 차지하는 비중은 무려 30퍼센트에 이르니까요.

러시아는 영토의 75퍼센트를 차지하는 아시아를 두고 왜 유럽에 속하려고 하는 것일까요? 옛 러시아 제국 시절의 수도인 상트페테르부르크나 지금의 수도인 모스크바가 다 유럽 지역에 있기 때문일까요? 혹시 아시아를 낮추어 보고 선진국이 몰려 있는 유럽 쪽에 다가가기 위해서일까요?

둘 다 정답입니다. 러시아는 1240년부터 200여 년 동안 몽골 제국의 지배를 받았어요. 그때부터 러시아 사람들은 동쪽에 대한 두려움과 적개심을 갖게 되었죠. 17세기 들어 러시아를 다스리게 된 표트르 대제는 서유럽 문명을 따라 배우자는 생각으로 수도를 모스크바에서 더욱더 서쪽에 있는 상트페테르부르크로 옮겼어요. 그 후 러시아는 줄곧 서유럽의 열강들과 때로는 사이좋게 지내고 때로는 싸우면서 유럽의 강대국으로 행동해 왔지요.

1917년 러시아 혁명이 일어나 소련이라는 사회주의 국가로 바뀐 뒤에는 서유럽의 자본주의 국가에 맞서 동쪽의 인도, 중국 등과 연대하는 동방 정책을 펴기도 했어요. 수도도 모스크바로 옮겼죠. 하지만 1992년 소련이 무너지고 아시아의 많은 지역이 독립한 뒤에는 다시 유럽에 다가가는 정책을 펴고 있답니다.

표트르 대제는 1712년 러시아 수도를 모스크바에서 상트페테르부르크로 옮겨 유럽과 더욱 가깝고자 했다.

러시아처럼 유럽을 동경해서 아시아에서 벗어나려고 한 나라는 또 있어요. 바로 일본이죠. 잘 아는 것처럼 예로부터 일본은 중국과 우리나라로부터 선진 문물을 받아들여 왔어요. 그러다가 19세기 들어 사정이 바뀌어 버리죠. 1854년 미국의 위협을 받고 나라의 문을 열자 서구 근대 문명이 일본으로 쏟아져 들어갑니다.

그때 일본 사람들은 유럽과 경쟁해서 이기려면 낡은 아시아의 관습에서 벗어나 유럽처럼 산업을 일으켜 세우고 식민지를 개척해야 한다고 생각했어요. 이것을 '탈아입구(脫亞入歐, 아시아를 벗어나 유럽으로 들어가기)'라고 하지요. 그래서 일본은 유럽에 시찰단을 보내 과학 기술을 배우고 재빨리 산업을 일으킨 다음 이웃 나라들을 침략했답니다. 그러한 일본의 야욕에 희생당한 것이 바로 우리나라였죠.

그 후 오랫동안 세계는 유럽과 미국의 제국주의, 아시아와 아프리카의 식민지로 나뉘었어요. 일본은 그 가운데 유럽처럼 제국주의 국가의 하나로 행동했지요. 일본이 떠오르자 영국과 미국은 일본을 억누르려 했어요. 그에 반발해 일본은 1941년에 태평양 전쟁을 일으켰습니다. 일본이 미국 하와이의 진주만을 기습 공격해 미국을 상대로 전쟁을 시작한 것이죠. 이 전쟁에서 패한 일본은 식민지들을 잃고 군대를 두지 못하는 등 혹독한 대가를 치르지요.

하지만 미국의 도움으로 빠르게 재기한 일본은 아시아 국가 중에서는 유일하게 세계 선진국들의 모임인 'G7'에 가입하는 등 미국, 서유럽과 함께 세계를 이끌어 가는 선진국 행세를 해 왔어요. 최근 들어 우리나라와 중국을 비롯해 아시아 나라들이 엄청난 성장을 보이면서 일본도 옛날처럼 아시아를 우습게 보지는 않지요. 하지만 일본 내에는 아직도 아시아 여러 나라를 식민지로 거느리던 옛날의 영광을 잊지 못하는 정치인들이 적지 않답니다.

그런가 하면 아시아에 있으면서도 주변에 있는 아시아 나라들로부터 따돌림을

주요 7개국 정상 회담
G7 정상 회담은 매년 국가별로 돌아가면서 주최한다.

아시아에서 만난
우리 역사

당하는 나라도 있어요. 우리나라에서 가장 먼 아시아 국가 중 하나인 이스라엘이 바로 그런 나라죠. 이스라엘은 세계 곳곳을 떠돌던 유대인이 아시아로 돌아와 1948년에 세운 나라예요. 유대인은 먼 옛날에 나라를 빼앗기고 노예로 잡혀가거나 타향을 떠돌아다녔거든요.

그런데 유대인이 옛 땅에 나라를 세울 때 그곳에는 팔레스타인 사람들이 살고 있었어요. 하지만 영국의 도움을 받은 유대인은 팔레스타인 사람들을 강제로 내쫓고 그 자리에 이스라엘을 세운 거랍니다. 그러자 팔레스타인 사람들과 같은 아랍인인 주변 나라들이 가만히 있지 않았어요. 아랍 국가들과 이스라엘 사이에는 여러 차례 전쟁이 벌어졌고 지금도 사이가 좋지 않답니다.

그래서 이스라엘은 아시아에 있지만 아시아 나라로서 주변 국가들과 협력하는 데 한계가 있어요. 월드컵 지역 예선을 할 때에도 이스라엘 대표 선수들은 아시아 나라들과 경기를 치르는 것이 아니라 유럽 나라들과 예선을 치른답니다. 유럽보다는 아시아의 축구 수준이 낮기 때문에 아시아에서 예선을 치르면 본선에 나가기가 더 쉽겠죠. 하지만 정치적인 이유 때문에 그러지 못하고 매번 유럽의 강호들과 예선을 치러 죽을 쑤고는 한답니다.

아시아는 넓을 뿐 아니라 복잡하기도 하군요. 어쨌거나 결론은 이웃한테 잘하고 살자는 거네요.

이 나라는 왜 아시아에 들어오려 할까?

1992년 소련이 해체되자 15개의 공화국이 각각 독립했어요. 소련은 '소비에트 사회주의 공화국 연방'을 줄인 말이거든요. 그러니까 연방을 이루고 있던 공화국들이 이제 각각제 갈 길을 가기로 했던 거지요. 15개의 공화국 가운데 가장큰 공화국이던 러시아 공화국은 주변의 작은 자치 공화국들과 함께 새로 러시아 연방을 이루었답니다.

옛 소련의 공화국들 가운데는 유럽 지역에 있는 나라도 있고 아시아 지역에 있는 나라도 있었어요. 이 가운데 러시아보다 더 서쪽에 있는 에스토니아, 라트비아, 리투아니아, 벨라루스, 우크라이나, 몰도바 여섯 나라는 의심의 여지없는유럽 국가가 되었죠.

그런데 다른 공화국들은 대개 유럽과 아시아의 경계 지역에 몰려 있어요. 우랄산맥과 알타이산맥이 내달리는 이 지역주변을 흔히 중앙아시아라고 하지요. 하지만 정확하게 말하면 아시아의 중앙이라기보다는 아시아와 유럽을 합친 유라시아 대륙의 중앙이라고 해야 맞을 것 같아요. 그래서 이 지역을 '중앙유라시아'라고 부르는 학자들이 많죠.

아무튼 새로 독립한 이 지역의 공화국들은 유럽에 속할 것인지 아시아에 속할 것인지 선택을 해야 했어요. 옛날 같으면 당연히 돈도 많고 문화도 더 발달한 유럽을 선택했겠죠.

17세기 러시아가 그랬던 것처럼 말이죠. 하지만 이 나라들이 독립한 1990년대에는 사정이 많이 달라져 있었어요. 이미 선진국이었던 일본 말고도 중국, 우리나라 등이 무섭게 성장하고 있었거든요. 게다가 유럽도 유럽 나름이지 중앙아시아와 가까운 동유럽은 경제적, 문화적으로 아시아보다 나을 것이 별로 없었답니다.

그래서 인천 아시안 게임 참가국 명단에서 보는 것처럼 카자흐스탄, 우즈베키스탄, 키르기스스탄, 투르크메니스탄, 타지키스탄은 아시아행을 택했어요. 모두 나라 이름이 '스탄'으로 끝나네요. 이것은 페르시아어로 '나라'를 뜻하는 말이

아시아에 들어온 나라들

우즈베키스탄

카자흐스탄

키르기스스탄

투르크메니스탄

타지키스탄

랍니다. 파키스탄, 아프가니스탄 등이 그런 것처럼 이름에 '스탄'을 쓰는 나라들은 대부분 이슬람교를 믿는 국가랍니다.

카스피해 서쪽의 좀 애매한 지역에 있는 조지아와 아제르바이잔은 유럽에 붙기로 했어요. 조지아는 소련 시절에는 그루지야 공화국이었는데, 최근 들어 유럽 쪽에 더 가깝게 지내겠다는 마음을 먹고 영어식 발음인 조지아로 개명했답니다. 그루지야는 소련의 서기장 스탈린의 고향이었는데, 이름을 바꾸고 보니까 미국 대통령 카터의 고향과 같아졌군요.

한편, 남태평양 너머 오세아니아 대륙에서도 호시탐탐 아시아로 들어오려는 나라가 있어요. 미국처럼 영국에서 이민 간 백인들이 세운 나라 오스트레일리아랍니다. 호주라고도 하지요. 이 나라는 백인들이 많다는 점으로 보나, 영어를 공용어로 한다는 점으로 보나, 또 모든 문화가 영국이나 미국과 연결되어 있는 점으로 보나, 아시아로 들어오려 히는 게 잘 이해가 되지 않죠? 얼마 전까지만 해도 오스트레일리아 사람들도 그렇게 생각했어요.

하지만 아시아가 나날이 성장하자 오스트레일리아 사람들은 스스로가 어디에 자리 잡고 있는지 돌아보기 시작했어요. 오스트레일리아 북쪽에서 아시아의 티모르섬까지는 500여 킬로미터밖에 안 떨어졌어요. 그런 아시아가 경제적으로나 문화적으로 성장하는 데다 중국과 미국이 아시아 태평양 지역을 놓고 패권 경쟁도 벌이고 있어요. 이런 판국에 미국과

2019년 아시안컵
아랍에미리트에서 열린 아시안컵에서 카타르가 사상 최초 우승을 하였다.

유럽 쪽에만 줄을 서고 있다가는 언제 곤란을 겪을지 모른다고 판단한 거예요.

　그래서 오스트레일리아는 미국과 아시아에 양다리를 걸치기 위해 노력하고 있어요. 아시아의 국제기구에 참가하려고도 하고 운동 경기도 아시아 지역에서 하려고 하죠. 2015년 아시안컵 대회를 오스트레일리아에서 개최했고, 월드컵 지역 예선도 오세아니아가 아니라 아시아에서 치르고 있답니다. 이처럼 아시아로 넘어오려고 하는 나라들을 보니까 아시아의 힘이 느껴지는군요. 한때 유럽 열강들의 식민지로 전락했던 아시아의 나라들이 세계 중심으로 성장하는 모습이 보이는 것 같아요. 다시는 우중충했던 20세기 초로 돌아가지 않기 위해 열심히 노력하는 아시아 사람들, 힘내세요!

고대 백제인의 도래를 기념하여 오사카에서 열린 왓소 축제

지리적으로는 가깝지만 마음으로는 멀게 느껴지는 '가깝고도 먼 나라' 일본. 그러나 우리나라와 일본의 사이가 항상 나빴던 것은 아니랍니다. 특히 삼국 시대의 백제는 일본과 매우 가깝게 지내며 선진 문화를 일본에 전해 주었답니다. 왕인 박사는 일본 문화의 발전을 도왔어요. 왕인 박사를 따라 1,500년 전 일본으로 들어가 볼까요?

01 일본에서 왕인 박사를 만나다

수도 도쿄
면적 37만 7,970km²
언어 일본어
국기 ●

왓소 축제를 기념하는 깃발

우리는 일본을 가리켜 흔히 '가깝고도 먼 나라'라고 합니다. 지리적으로는 가깝지만 마음으로는 멀게 느껴지기 때문이죠. 일본이 우리나라를 식민 지배하고도 진심으로 뉘우치지 않기 때문에 그런 감정이 생겼어요. 그러나 우리나라와 일본의 사이가 항상 나빴던 것은 아니랍니다. 지금보다 교통이 더 불편했던 시절에 배를 타고 오가며 교류하기도 했어요.

특히 삼국 시대의 백제는 일본과 매우 가깝게 지냈어요. 백제 사람이 일본에 건너가 유학과 불교를 전하기도 하고, 종이 만드는 법과 술 빚는 기술을 가르치기도 했죠. 일본에서 태어나 백제의 왕이 된 사람도 있고, 일본에 건너가 눌러 산 백제 왕자도 있어요. 그 가운데 왕인 박사는 일본에 유학을 전했어요.

지금 일본은 여러 가지 면에서 우리나라보다 앞서 있어요. 땅도 남북한을 합친 것보다 1.5배 크고 인구는 2배 가까이 많죠. 일본은 미국과 중국 다음으로 돈이 많은 나라니까 당연히 우리보다 경제력도 앞선답니다.

하지만 옛날부터 일본이 우리보다 선진국이었던 건 아니에요. 조선 시대 이전에는 오히려 우리가 일본에 선진 문화를 전해 주었답니다. 그런 사실을 잘 보여 주는 인물이 바로 왕인 박사죠. 왕인 박사는 일본에 『논어』와 『천자문』을 전해 주어 일본 문화의 발전을 도왔거든요. 왕인 박사 같은 분이

왕인 박사 초상화
백제 근초고왕 때의 학자로
일본에 학문을 전해 준 왕인
박사. 왕인 박사의 탄생지인
영암군 군서면 동구림리
성기동에 있는 왕인 박사
유적지에서 위패와 영정을
봉안하고 매년 4월 초에
왕인 박사 추모제를 열고 있다.

있어서 백제와 일본 사이는 더 좋아질 수 있었어요. 이제부터 왕인 박사를 따라 1,500년 전 일본으로 들어가 볼까요?

한국과 일본, 동쪽의 해 뜨는 나라

아시아에서 한국보다 더 동쪽에 있는 나라는 일본(日本)밖에 없죠. 일본이 동쪽에 있다는 것은 이름만 봐도 알 수 있어요. '日本'이라는 한자는 '태양의 근본'이라는 뜻이거든요. 해가 뜨는 곳이라는 말이에요. 이처럼 해가 뜨는 곳을 뜻하는 이름을 가진 나라는 일본만이 아니었어요. 일본 서쪽에 있는 한국도 옛날에는 해 뜨는 나라로 알려져 있었으니까요. 조선(朝鮮)이라는 이름이 바로 그거죠. '朝鮮'은 아침에 맑고 깨끗한 곳을 뜻하거든요. 아침 일찍 가까운 곳에서 해가 뜨니 당연히 맑고 깨끗할 수밖에요.

일본이라는 나라 이름은 서기 670년에 생겼다고 해요. 고려 때 편찬된 『삼국사기』에 그렇게 나와 있어요. 그런데 조선이라는 나라 이름은 수천 년 전에 생겼죠. 단군왕검이 세운 나라가 옛 조선을 뜻하는 고조선이니까요. 단군 신화를 그대로 믿는다면 고조선은 기원전 2333년에 세워졌어요. 그리고 기원전 108년에 중국 한나라의 침략을 받아 멸망했죠.

하지만 그 뒤로도 우리나라는 오랫동안 조선으로 불렸어요. 물론 고조선 이후 우리나라에 들어선 나라들은 저마다 다른 이름이 있었어요. 고구려, 백제, 신라처럼 말이죠. 하지만 중국이나 일본에서 우리나라를 부를 때는 조선이라고 부르고는 했답니다. 조선은 '해 뜨는 나라'란 뜻이니까 오랜 세월 동안 동아시아에서 해 뜨는 나라로 알려진 것은 일본이 아니라 우리나라였던 거죠.

그 시절 우리 조상들은 일본 열도에 사는 사람들에게 학문과 기술을 전해 주었어요. 당시 우리 조상은 지금의 남북한보다 훨씬 더 넓은 지역에 살면서 일본보다 앞선 문화를 이룩하고 있었죠. 물이 높은 곳에서 낮은 곳으로 흐르는 것처럼 문화도 더 발달한 우리나라에서 덜 발달한 일본으로 흘러갔던 거예요.

일본 사람들이 우리나라에서 흘러 들어간 문물을 바탕으로 국가를 이루고 살기 시작한 것은 서기 4세기 무렵이었어요. 우리나라에서 고구려, 백제, 신라의 삼국이 한창 성장하고 있을 때죠. 삼국 가운데 가장 문화가 발달하고 기술이 앞선 나라는 백제였어요. 백제가 있던 곳은 지금도 우리나라의 곡창 지대로 유명한 전라 남북도와 충청 남북도의 평야 지대였거든요. 기름진 들판에서 많은 곡식이 나니까 아무래도 백제 사람들이 고구려, 신라보다는 풍족한 삶을 누렸죠. 풍족한 삶을 누리다 보니 문화와 기술도 발전했어요. 백제는 그렇게 발전된 문화와 기술을 이웃인 고구려, 신라뿐 아니라 바다 건너 일본에도 전해 주었답니다.

백제와 왜, 이웃사촌 같은 나라들

앞에서 일본이라는 이름은 우리나라에서 삼국 시대가 끝나고 난 뒤인 670년의 일이라고 했죠? 그렇다면 일본이라는 이름이 생기기 전 일본 열도에 생겨난 나라는 어떤 이름을 갖고 있었을까요? 학자들에 따르면 서기 4세기 무렵 지금의 나라현을 중심으로 '야마토(大和) 정권'이 나타나 국가를 이루었어요. 우리나라에서는 고구려, 백제, 신라와 가야 연맹이 한창 고대 국가의 제도를 갖춰 나가던 때였죠.

우리 조상들이 야마토를 부르던 말은 '왜(倭)'였어요. 중국 사람들도 그렇게 불렀죠. 훗날 일본이라는 나라 이름이 생겨난 뒤에도 한국과 중국 사람들은 종종 일본을 왜라고 부르고는 했어요. 1592년에 일어난 임진왜란도 일본이 일으킨 전란이라는 뜻인데, 일본 대신 왜라는 말을 썼죠. 훗날 일본이 우리나라를 침략해 식민지로 삼았을 때에도 우리 조상들은 일본인들을 낮추어 '왜놈'이라고 부르고는 했답니다.

지금 일본의 영토는 일본 열도 전체입니다. 그러나 야마토 정권 때의 왜는 그렇게 큰 나라는 아니었어요. 일본 열도는 6,800여 개나 되는 섬으로 이루어져 있는데, 그중 가장 큰 4개

의 섬이 본토를 이루고 있죠. 그 가운데
혼슈가 가장 크답니다. 혼슈 북쪽에 홋카
이도, 남쪽에 규슈와 시코쿠가 자리 잡고
있어요. 왜는 혼슈의 동남쪽에서 있는 나
라현에서 시작되어 점차 주변으로 영역을
넓혀 간 나라였답니다.

　왜는 고구려, 백제, 신라에 비해 늦게
생긴 만큼 문화도 늦게 발전한 편이었어
요. 당시 동아시아에서 가장 문화가 발달
한 나라는 중국이었죠. 중국은 그때 여러 나라로 나뉘어 있
었어요. 양쯔강을 중심으로 북쪽에는 이민족들이 들어와 저
마다 나라를 세우고, 남쪽에서는 한족의 왕조가 계속 바뀌어
갔죠. 그렇게 여러 나라가 경쟁하다 보니까 경제와 문화는
더 발달했죠. 그렇게 발달한 중국의 선진 문화는 삼국에 전
파되고, 다시 삼국을 통해 왜에 전해졌어요. 왜는 중국과 직
접 교류를 하기도 했으나 가까운 우리나라와 교류하는 것이
훨씬 더 편했죠.

　고구려, 백제, 신라 가운데 왜와 가장 가까운 나라는 백제
라고 했죠? 고구려는 만주와 한반도 북부에 자리 잡고 있었
기 때문에 아무래도 왜와는 거리가 멀었어요. 신라는 왜와
그다지 사이가 좋지 않았고요. 반면 백제는 왜에 선진 문물
을 전해 주는 데 적극적이었답니다. 백제가 차지하고 있던

일본 열도
일본 본토를 이루고 있는
4개의 섬 가운데
혼슈가 가장 크다.

진라남도 해안 지역에서는 당시 왜에서 유행하던 모양의 무덤이 적지 않게 발견되었어요. 열쇠고리 모양으로 앞쪽은 네모지고 뒤쪽은 동그라미 모양인 무덤이죠. 왜에서 백제로 건너와 살다가 죽으면 이런 무덤을 썼답니다. 반대로 일본의 서남 해안에는 백제에서 유행하던 돌무지무덤이나 돌방무덤이 남아 있어요. 왜로 건너가 그곳에서 죽은 백제 사람의 무덤이죠. 그런 백제 사람 가운데 한 명이 바로 일본 유학의 아버지라고 할 수 있는 왕인 박사였답니다.

왕인 박사 이야기

왕인 박사는 5세기 초 왜에 건너가 유학의 고전인 『논어』와 한자 학습의 고전인 『천자문』을 전했다고 해요. 워낙 학식이 높았기 때문에 왜의 태자를 가르치는 스승이 되었다고도 합니다. 이 같은 사실은 8세기에 편찬된 일본의 고대 역사책 『고사기』와 『일본서기』에 기록되어 있어요. 하지만 우리나라 삼국 시대의 역사를 기록한 『삼국사기』와 『삼국유사』에는 나오지 않죠. 이 사실은 왕인 박사가 우리나라보다는 일본에서 훨씬 더 중요하게 여기는 인물이었다는 것을 알려 주고 있답니다.

『일본서기』에 보면 왕인 박사보다 앞서 왜에 건너가 문자를 가르치고 태자의 스승이 된 백제 사람이 있었어요. 아직

『일본서기』
총 15권으로 이뤄졌으며
왕인 박사에 대한 기록도 있다.

기라는 분이랍니다. 아직기는 4세기 중반 근초고왕 때의 인물이죠. 근초고왕은 중국의 남쪽에 있던 동진과 국교를 맺고 선진 문물을 받아들였어요. 우리나라의 곡창 지대인 전라 남북도 지방이 백제의 영토가 된 것은 근초고왕 때의 일이랍니다. 그전에 전라 남북도 지방에는 작은 나라들의 연맹인 마한이 있었죠. 근초고왕이 마한을 통합하자 백제와 일본은 남해를 사이에 두고 마주 보는 나라가 되었어요. 바로 그때 아직기가 왜에 건너간 거랍니다.

아직기는 처음에 왜에서 말을 기르는 일을 했어요. 그런 일을 맡은 것으로 보아 신분이 높은 사람은 아니었던 것 같아요. 그런데도 유학 서적을 잘 읽었다고 해요. 백제의 문화 수준이 얼마나 높았는지 짐작할 수 있죠? 아직기는 곧 왜의 왕에게 띄어 태자를 가르치는 직책까지 맡게 되었답니다. 아직기의 학식에 감탄한 왜의 왕은 백제의 왕에게 덕망 높은 학자를 보내 달라고 부탁했어요. 백제의 학자라면 일본의 문화를 일으키는 데 큰 도움을 받을 수 있겠다고 확신했던 거죠. 그때 백제가 보내 준 사람이 바로 왕인 박사였어요.

왕인 박사는 공자의 말씀을 모아 놓은『논어』10권과『천
자문』1권을 들고 왜로 향했어요. '하늘 천, 따 지, 검을 현,
누를 황'으로 시작되는『천자문』은 옛날부터 한문을 배우는
책으로 유명했죠. 그런데 중국에서『천자문』이 쓰인 것은
『일본서기』에 왕인 박사가 왔다고 쓰여 있는 5세기가 아니
라 6세기라고 해요. 그렇다면 왕인 박사가 실제로 왜에 간
것은『일본서기』에 기록된 것보다 100년쯤 뒤의 일이라는
이야기가 되죠.

그렇다면『일본서기』에는 왕인 박사가 실제보다 100년이
나 일찍 왜에 간 것으로 기록되어 있을까요? 워낙 옛날 일이
니까 정확한 것은 알 수 없어요. 하지만 학자들은 당시 왜에
건너간 백제 사람들은 아직기와 왕인뿐만은 아닐 거라고 추
측했어요. 수많은 백제의 학자와 기술자들이 왜에 갔으리라
는 거죠. 백제의 선진 문화를 왜에 전해 주던 그 많은 전문가
들을 상징하는 인물이 바로 왕인이었어요. 그러니까 왕인은
5세기에서 6세기에 걸쳐 왜에 건너간 수많은 백제 사람들을
상징하는 존재라고 생각하면 된답니다.

오늘날 일본 오사카부에 속한 히라카타시에 가면 왕인의
묘로 전하는 무덤이 있어요. 왕인의 묘로 전해진다고 해서
'전왕인묘(伝王仁墓)'라고 하죠. 이곳은 1938년 5월 오사카부
사적 제13호로 지정되어 일본 사람들이 아끼는 명소가 되었

어요. 근처에는 다양한 체육 활동을 즐길 수 있는 종합 스포츠 공원이 있는데, 그 이름이 왕인공원(王仁公園)이랍니다. 왕인공원 위쪽 언덕에는 백제와 왜 사이의 평화에 기여한 왕인 박사의 업적을 기려 항구 평화탑(恒久平和塔)이 세워져 있기도 하죠.

히라카타시에 있는 전왕인묘
오사카에 있는 왕인의 묘. 왕인의 묘로 전해진다는 뜻으로 '전왕인묘'라고 한다.

오사카만이 아니에요. 일본의 수도인 도쿄에도 우에노 공원에 왕인을 추모하는 '박사왕인비'가 세워져 있어요. 이 비는 일제 강점기 시절 일본 수상 고노에 후미마로를 비롯한 일본의 실력자 230여 명이 협찬해 세운 거랍니다. 일본이 왜 식민지였던 우리나라 사람인 왕인 박사를 지극정성으로 기념했을까요? 그것은 바로 일본에 선진 문화를 전해 두 나라의 친선을 도모한 왕인 박사의 정신을 이어받아 일본과 한반도를 더욱 결합시켜 하나로 만들자는 뜻이었죠. 한마디로 우리 민족을 영원히 일본 지배 아래 흡수하려는 자신들의 야욕에 왕인 박사를 이용하려는 것이었어요.

우리의 자랑스러운 왕인 박사가 그런 식으로 이용되어서는 안 되겠죠? 지금 우리는 일본의 식민 통치를 벗어나 일본에 뒤지지 않는 일류 문화 국가를 이룩하기 위해 노력하고 있어요. 일본에 선진 문화를 전해 준 왕인 박사는 우리가 일본을 능가하는 문화 전통을 가지고 있다는 것을 똑똑히 알려

왕인 박사 기념비

1940년과 1941년에 걸쳐 도쿄 우에노 공원에 세워진 박사왕인비(위).
2013년에 한국어, 일본어, 영어로 표기된 안내판(왼쪽)이 추가로 설치되었다.

주고 있죠. 그뿐 아니라 그 당시에 일본에 앞섰다고 해서 일본을 무시하는 것이 아니라 도리어 일본의 문화를 이끌어 주려고 했던 훌륭한 정신의 상징이기도 해요. 오늘 우리나 일본이나 왕인 박사로부터 배워야 할 가치는 바로 그러한 친선과 평화의 정신일 겁니다.

일본에 간 백제인들

왕인 박사를 초청한 왜의 왕은 오진(應神) 천황이라고 해요. 아직 일본이라는 이름도 생기기 전에 왜처럼 작은 나라에서 무슨 천황이냐고요? 『일본서기』가 쓰인 8세기에 일본 사람들은 자기네 국왕을 신성한 존재로 받들기 위해 천황이라는 칭호를 만들었어요. 그리고 예전에 있었던 모든 왕들을 당시 천황의 직계 조상으로 삼고, 그들을 모두 천황으로 불렀죠. 뭐, 남의 나라 왕가 이야기니까 더 이상 왈가왈부하지는 말기로 해요.

왕인 박사를 초청한 오진 천황의 무덤은 오사카부의 하비키노시에 있는데, 거기서 4킬로미터쯤 떨어진 곳에 곤지라는 분을 모시는 신사가 자리 잡고 있어요. 곤지는 백제의 제21대 국왕인 개로왕의 동생이죠. 개로왕은 고구려 장수왕의 침략을 받아 당시의 도성이던 한성을 잃고 자신의 목숨마저 빼앗긴 비운의 왕이랍니다. 개로왕은 백제가 아직 한성에 있넌 시절에 동생인 곤지를 왜에 보냈어요. 그때 곤지는 임신한 여인과 함께 왜로 가는 배에 올랐죠.

『일본서기』에는 여인이 임신한 아이는 개로왕의 자식이라는 이상한 이야기가 쓰여 있어요. 왕이 자신의 아이를 임신한 여인을 동생에 딸려 왜로 보내다니, 아무리 생각해도 이해할 수 없는 일이죠? 다른 설에 따르면 여인은 곤지의 부인이고 그녀가 임신한 아이도 곤지의 자식이라고 합니다. 이쪽이 듣기는 더 편하군요.

임신한 여인은 왜로 가던 도중 가카라시마라는 섬에서 아이를 낳았어요. 그 아이는 곧 백제로 돌려보내지죠. 바로 이 아이가 나중에 자라서 백제의 제25대 무령왕으로 즉위한답니다. 당시 백제는 한성을 빼앗기고 충청남도 공주로 내려가 왕실과 귀족들 사이의 다툼으로 엉망진창이었어요. 무령왕의 선왕인 동성왕도 반란을 일으킨 귀족들의 손에 시해당했거든요. 그럴 때 왕이 된 무령왕은 귀족들의 반란을 제압하고 왕권을 튼튼히 했어요. 그리고 중국 남쪽의 양나라와 교류하면서 백제를 다시 이전과 같은 문화 강국으로 부활시켰답니다.

무령왕의 무덤은 공주에 있어요. 그 무덤 안에는 무령왕과 왕비의 시신을 보관한 관이 나란히 누워 있죠. 그런데 이 관은 오사카에서 자라는 금송으로 짠 것이랍니다. 무령왕의 어머니와 함께 왜로 갔던 곤지의 영혼을 추모하는 신사가 오사

금송으로 만든 무령왕과
왕비의 목관
무령왕릉을 발굴했을 당시
왕비의 관은 나무가
부식되어 무너져 내려 있었다.
왕과 왕비의 관을 복원하여
국립공주박물관에
전시되어 있다.

카에 있는 걸 보면, 당시 오사카 지역과 백제 왕실은 특별한
관계였던 것 같아요. 그러니까 무령왕이 죽었을 때 오사카
사람들이 그 지역 특산인 금송을 바쳤던 것이겠죠.

백제가 왜에 전한 것은 아직기와 왕인의 유학만이 아니었
어요. 6세기 말에는 노리사치계라는 사신이 불상을 갖고 왜
에 들어가 불교를 전하기도 했죠. 고대 동아시아에서 불교와
유학은 문화의 두 기둥이었어요. 일본에 그 기둥을 세워 준
나라가 바로 백제였던 거죠.

일본 사람들이 존경하는 고대의 위인 가운데 쇼토쿠 태자
라는 사람이 있어요. 쇼토쿠 태자는 불교와 유학을 깊이 깨
우치고 일본 고대 문화를 완성한 사람으로 받들어지고 있죠.
바로 그 쇼토쿠 태자의 학문적 스승이자 학식을 키워 준 사
람 역시 백제 출신의 아좌 태자였답니다. 아좌 태자가 그린
쇼토쿠 태자의 초상화는 지금도 남아서 쇼토쿠 태자를 기리

는 일본인들에게 큰 기쁨을 안겨 주고 있죠.

이처럼 백제는 왜에게 고마운 나라였기 때문에 왜는 끝까지 백제에 의리를 지켰어요. 백제는 660년 신라와 당나라 연합군의 공격을 받았을 때 왜는 대규모 원정대를 편성해 백제의 유민들을 돕기 위해 파견했답니다. 백제 유민과 연합군을 편성해 신라와 당나라를 몰아내고 백제를 부활시키려는 것이었죠.

당시 백제와 왜의 연합군은 백강에서 신라와 당나라의 연합군과 결전을 벌였답니다. 백강은 지금의 금강으로 짐작되는데, 이 전투에서 백제와 왜의 연합군은 대패를 당하고 말죠. 그때 수많은 백제 유민이 왜군과 함께 일본 땅으로 건너가게 되었어요. 지금도 쓰시마섬과 일본 서남부 해안 지역에는 당시 백제 유민이 일본 사람들과 함께 쌓은 성들이 남아

일본 속의 백제
일본 오사카와 나라 지역은 백제인들이 건너가서 터전을 닦은 곳이다. 지금도 백제와 관련된 이름이 곳곳에 남아 있다.

있답니다. 신라와 당나라의 연합군이 자신들을 쫓아 쳐들어올지도 모르기 때문에 방어용으로 지은 것이죠. 지금도 일본의 서남부에는 백제라는 이름을 가진 마을, 학교, 기차역 등이 곳곳에 자리 잡고 있답니다.

지금까지 살펴본 것처럼 삼국 시대에만 해도 한반도와 일본 열도는 서로 적이기만 한 것도 아니고 친구이기만 한 것도 아니었어요. 백제는 왜와 사이가 좋고 반대로 신라는 왜와 사이가 나빴죠. 그리고 백제와 신라는 서로 으르렁거리는 사이였고요. 일본이 우리나라를 식민지로 삼아 서로 원수가 되었던 최근에 비하면 삼국 시대에는 둘 사이의 관계가 복합적이었던 셈이에요.

왜에 선진 문화를 아낌없이 전해 준 백제와, 그런 백제에 끝까지 의리를 지킨 왜를 보면 한국과 일본의 미래를 위해 좋은 사례라는 생각이 들어요. 일본 사람들이 자신들의 고대 문화를 발전시키는 데 큰 도움을 준 백제를 생각했다면, 우리나라를 식민지로 삼을 생각 따위는 해서는 안 되는 거였죠. 우리도 왕인 박사나 무령왕을 생각하면 일본에 대해 좀 더 여유로운 마음을 가질 수 있을 거예요. 일본이 항상 우리를 괴롭히기만 한 것이 아니라 우리의 도움을 받아들이고 우리와 협력한 적도 있었으니 말이죠. 한국과 일본 둘 다 왕인 박사 같은 분이 있었던 게 참 다행이라는 생각을 하는 날이 왔으면 좋겠네요.

고구려 사신(오른쪽 깃털 관을 쓴 두 남자)을 묘사한 아프라시압 벽화

중앙아시아의 나라들은 오랫동안 옛 소련에 속해 있다 보니 우리에게 알려질 기회가 적었고 교류도 잦지 않았어요. 요즘 들어서는 우즈베키스탄을 중심으로 중앙아시아의 나라들과 우리나라의 경제 문화 교류가 부쩍 늘어나고 있죠. 하지만 사실 이것이 처음은 아니에요. 아주 옛날에도 교류는 있었답니다. 1,300여 년 전 그곳을 찾은 우리 조상들을 만나 보아요.

우즈베키스탄에서
고구려 사신을 만나다

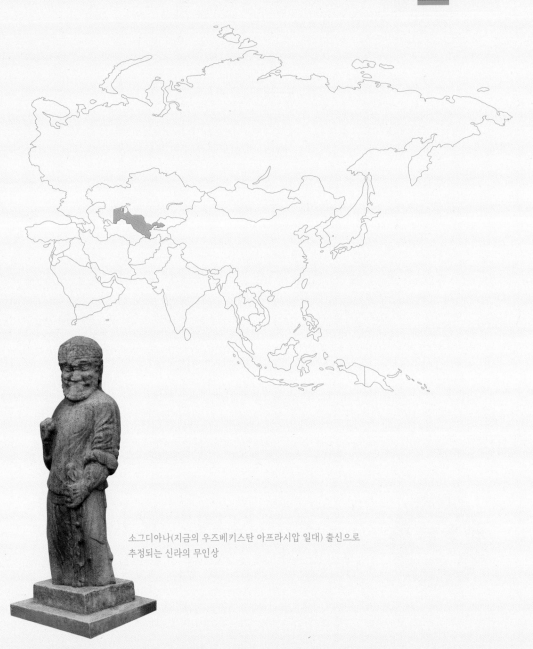

수도	타슈켄트
면적	44만 8,924km²
언어	우즈베크어
국기	

소그디아나(지금의 우즈베키스탄 아프라시압 일대) 출신으로
추정되는 신라의 무인상

중앙아시아는 말 그대로 아시아의 중앙을 가리킵니다. 중국 서북쪽의 신장 위구르 자치구와 그 서쪽에 있는 우즈베키스탄, 카자흐스탄, 키르기스스탄 등의 나라들을 일컫죠. 그런데 지도를 펼쳐 놓고 보면 조금 이상하다는 생각이 들 거예요. 이 지역은 아시아의 중앙이라기에는 서쪽 끝까지 다 차지하고 있으니까요. 그래서 요즘에는 이곳을 중앙아시아라고 하지 않고 중앙유라시아라고 부르기도 한답니다. 유럽과 아시아를 합친 유라시아 대륙에서 보면 딱 가운데 자리 잡은 곳이니까 말이죠.

중앙유라시아에서도 서쪽에 있는 나라들은 언뜻 봐도 한 가지 특징이 있죠? 나라 이름에 '스탄'이라는 말이 붙어 있어요. 이 말은 중세 페르시아어로 '땅', '나라' 따위를 뜻한답니다. 우즈베키스탄 하면 우즈베크족의 나라, 카자흐스탄 하면 카자흐족의 나라라는 뜻이 되는 거죠. 이 '스탄' 나라들은 1991년까지는 옛 소련에 속해 있다가 독립했답니다. 그런데 독립하면서 카자흐스탄 같은 나라는 유럽에 속하게 되고 우즈베키스탄 같은 나라는 아시아에 속하게 되었어요. 자리 잡은 곳이 유라시아 대륙의 한가운데이다 보니까 나라마다 서로 유리하다고 생각하는 대륙에 소속되기로 한 거죠.

중앙아시아의 나라들은 그보다 더 서쪽에 있는 유럽이나 서아시아의 나라들보다 우리에게 더 낯설어요. 오랫동안 옛 소련에 속해 있어서 우리에게 알려질 기회가 적었고, 교류도 잦지 않았기 때문이죠. 요즘 들어서는 우즈베키스탄을 중심으로 중앙아시아의 나라들과 우리나라의 경제 문화 교류가 부쩍 늘어나고 있는 추세랍니다. 하지만 사실 이것이 처음은 아니에요. 옛날, 그것도 1,000년도 훨씬 전, 아득한 옛날에도 그 지역과 우리나라의 교류는 있었답니다. 도대체 누가 왜 그 먼 나라까지 갔을까요? 이제부터 중앙아시아로 날아가서 1,300여 년 전 그곳을 찾은 우리 조상들을 만나 그 이유를 알아보기로 해요.

고구려와 돌궐

　1,300여 년 전이면 우리나라에서는 고구려, 백제, 신라 사이에 치열한 항쟁이 벌어지던 7세기였죠. 당시 고구려에게 백제, 신라와 싸우는 건 그리 중요한 문제가 아니었어요. 그동안 분열되어 있던 중국 대륙이 하나의 나라로 통일되어 국경을 맞댄 고구려를 위협했기 때문이었죠. 400여 년 만에 중국을 통일한 수나라는 이제 중원을 넘어 주변 세계로 눈을 돌리고 있었답니다.

　그때 중국의 통일에 긴장하고 있었던 것은 동쪽의 고구려만이 아니었어요. 중앙아시아에서 강대한 유목 국가를 이루고 있던 돌궐도 수나라의 움직임에 촉각을 곤두세웠죠. 정확하게 말하자면 수나라나 돌궐이나 둘 다 서로에 대해 긴장의

끈을 놓을 수 없었답니다. 왜냐하면 사실 수나라가 중국을 통일할 무렵 돌궐도 중앙아시아의 초원 지대를 막 통일하고 있었거든요.

돌궐은 어떤 나라일까요? 예전에 중앙아시아에는 흉노라는 막강한 유목민의 나라가 있었어요. 흉노는 중국의 한나라와 실크로드의 패권을 놓고 오랫동안 경쟁을 벌였죠. 그러다가 일부는 중국에 흡수되고 일부는 서쪽으로 이주해 갔어요. 그런 다음 중앙아시아의 지배자로 등장한 유목 국가가 유연이라는 몽골 계통의 나라였죠. 돌궐은 바로 그 유연의 지배를 받고 있다가 6세기 후반 독립한 뒤 유연마저 무너뜨리고 중앙유라시아의 주인이 된 나라였어요.

수나라의 등장에 함께 긴장했던 고구려와 돌궐의 사이는 어땠을까요? 적의 적은 친구가 되기 쉬운 법이죠. 고구려와 돌궐은 서로 으르렁거린 적도 있었지만 대체로 친선 관계를 유지했답니다. 오늘날 몽골의 오르콘강 유역에 서 있는 비석 하나가 그 사실을 똑똑히 알려 주고 있죠.

오르콘강 유역은 유목민들의 고향과도 같은 곳으로 유목민 지배자들의 비석이 여러 곳에 있어요.

돌궐 비석
몽골의 오르콘강 유역에 있는 비석

그 가운데 퀼테긴이라는 돌궐 지배자의 업적을 기리며 서 있는 비석은 732년에 세워진 비석이랍니다. 732년이라면 고구려가 이미 망하고 난 뒤인데 그때 세워진 비석이 어떻게 고구려와 돌궐의 관계를 알려 주느냐고요? 비석에는 퀼테긴의 업적뿐 아니라 돌궐을 빛낸 그의 조상들 이야기도 빼곡히 적혀 있답니다.

퀼테긴 비석에는 553년 돌궐의 지배자가 죽었을 때 조문 사절을 보낸 10개의 나라가 쓰여 있어요. 그 가운데 고구려도 있고 동로마 제국도 있답니다. 유라시아 대륙의 한가운데를 지배한 돌궐답게 대륙의 동쪽 끝에 있는 고구려부터 서쪽 끝에 있는 동로마 제국에 이르기까지 중요한 나라들이 모두 조문을 간 셈이죠. 요즘에도 한 나라의 지도자가 죽으면 친한 나라의 지도자는 직접 조문을 가거나 조문 사절을 보내요. 지금처럼 교통이 발달하지 않은 1,500년 전에 가깝지도 않은 돌궐까지 조문 사절을 보낸 것을 보면 확실히 돌궐은 고구려에게 특별한 나라였겠죠?

이렇게 교류하면서 수나라의 등장을 긴장하며 바라보던 고구려와 돌궐은 어떻게 됐을까요? 수나라의 두 번째 황제인 양제가 100만 대군을 이끌고 고구려에 쳐들어왔던 것은 다들 알고 있을 거예요. 그때 수나라 군대는 을지문덕이 이끄는 고구려군에게 호되게 당하고 돌아가야 했죠. 양제는 그 뒤로도 고구려를 정복하겠다고 세 차례나 더 군대를 보냈지

7세기 초반의
당나라와 돌궐
당나라는 618년 수나라를
대신해 중국을 차지하고
통일 왕조를 이뤘다.
이후에 동돌궐(630년)과
서돌궐(657년)을 차례로
무너뜨렸다.

만 그때마다 아무것도 얻지 못하고 발길을 돌려야 했답니다.
도리어 고구려를 공격하는 데 나라의 힘을 너무 쓰다가 결
국 반란이 일어나는 바람에 망하고 말았어요.

이처럼 고구려한테는 꼼짝 못한 수나라도 돌궐은 효과적
으로 공략했답니다. 먼저 계책을 써서 돌궐을 동과 서 2개의
나라로 분열시켜 버렸죠. 그런 다음 동돌궐의 항복을 받아
냈어요. 하지만 수나라가 고구려를 공격하다 지쳐 망해 버리
자 동돌궐과 서돌궐은 다시 기운을 차리고 활발하게 움직이
기 시작했죠. 그때 수나라를 대신해 중국을 차지하고 고구려
와 동서 돌궐을 상대하게 된 나라가 당나라랍니다.

당나라의 두 번째 황제인 태종은 중국 역사에서도 가장 위
대한 황제로 꼽히는 명군이었어요. 당 태종은 나라 안에서도
정치를 잘했지만 밖으로 나가 싸우는 걸 더 잘했죠. 태종은
황제 자리에 오른 지 4년 만에 동돌궐을 멸망시키고 중국이

분열된 동안 잃어 버렸던 실크로드를 되찾았어요. 그리고 국력을 정비해 서돌궐과 고구려를 압박해 나갔어요. 645년에는 태종이 몸소 10만 대군을 이끌고 고구려에 쳐들어왔죠. 그 결과는 잘 아는 것처럼 고구려의 승리였어요. 대륙을 휩쓸며 승승장구하던 당 태종은 고구려의 작은 성인 안시성을 무너뜨리지 못하고 한쪽 눈마저 잃은 채 비참하게 돌아갔답니다.

하지만 당나라는 고구려와 서돌궐을 다 무너뜨리겠다는 의지를 꺾지 않았어요. 당 태종이 고구려 원정의 후유증으로 죽고 난 다음에도 당나라는 계속해서 고구려와 서돌궐에 군대를 보내 괴롭혔죠. 지금의 우즈베키스탄에 고구려 사신이 나타난 것은 바로 그 무렵의 일이었어요.

아프라시압 궁전의 고구려 사신

지금 우즈베키스탄에 사는 사람들은 대부분 우즈베크족이랍니다. 우리나라에도 우즈베키스탄 사람들이 적지 않게 들어와 살고 있는데, 이목구비가 또렷해서 잘생기고 아름다운 사람들이 많아요.

우즈베크족이 이처럼 잘생긴 것은 동양인과 서양인의 혼혈이기 때문이라고 하는 이야기도 있어요. 동양인이나 서양인이나 각각 뚜렷한 장점을 가지고 있는데 그런 장점이 어우러지면서 멋진 외모를 갖게 되었다는 거죠. 그런데 7세기 중반 고구려 사신이 방문했던 우즈베키스탄의 사마르칸트 일대에는 우즈베크족이 살고 있지 않았어요. 그때 이 지역에는 소그드인이라고 하는 서양 사람들이 있었죠. 소그드인은 이란계 민족으로 알려져 있어요. 이란 계통의 사람들은 코도 크고 키도 큰 유럽의 백인들과 같은 계통이거든요.

사마르칸트는 우즈베키스탄의 동쪽 중심부에 있는 대도시랍니다. 옛날에는 소그드인이 살았기 때문에 이 도시 일대를 소그디아나라고 불렀어요. '소그드인의 땅'이라는 뜻이죠. 소그디아나는 전통적으로 동쪽의 중국이나 유목 제국이었던 서쪽의 페르시아 제국이나 이슬람 제국과 부딪치는 지역이었어요. 그래서 소그드인은 양쪽에서 온 강대국의 지배를 받는 일이 많았답니다. 그러다 보니 소그드인들은 타향을 떠돌면서 장사를 하기도 했어요. 중국은 물론 우리나라에도 소그드인들이 들어와 장사도 하고 다른 일도 하면서 살았던 흔적이 남아 있답니다.

한 가지 예를 들어 볼까요? 울산에서 경주로 차를 타고 가다 보면 경주 들머리에 오른쪽으로 큰 왕릉이 하나 보여요. 옛날에는 괘릉이라고 했고 지금은 원성왕의 무덤이라는 게 확실해져서 원성왕릉으로 부르고 있죠. 이 무덤 앞

원성왕릉을 지키는 무인상의 얼굴
두 눈은 쑥 들어가고 코는 우뚝하고 체격이 우람하여 신라에 들어와 살던 소그드인을 묘사한 것으로 여겨진다.

에는 무사의 석상이 2개 서 있어요. 그 석상을 자세히 보면 우리나라 사람의 외모가 아니랍니다. 두 눈은 쑥 들어가고 코는 우뚝하고 체격이 우람한 것이 영락없는 서양 사람이죠. 학자들에 따르면 이 석상의 주인공들이야말로 통일 신라 때 우리나라에 들어와 살던 소그드인이라는 거예요. 소그드인이 안 간 데가 없는데 이란이나 아랍 사람도 들어와 살던 신라에 오지 않았겠어요? 그런데 체격이 우람하다 보니까 왕릉을 지키는 무사 석상의 모델로 소그드인이 제격이었겠죠.

세계 곳곳을 떠돌던 소그드인이지만 7세기 중엽에는 자기 나라에서 비교적 안정된 삶을 살고 있었어요. 당시 그들의 나라를 중국이나 우리나라에서는 강국(康國)이라고 불렀죠. 강국의 궁전은 사마르칸트 중심부에서 동북쪽으로 10킬로미터쯤 떨어진 아프라시압 언덕 위에 자리 잡고 있었어요. 지금은 화려했던 궁전의 자취가 거의 다 사라졌지만 고고학자들 덕분에 높은 성벽 위에 자리 잡고 있던 궁전과 지하 수로를 갖춘 주택들의 흔적을 찾아볼 수 있답니다.

아프라시압 궁전에서
발굴된 황금가면

남아 있는 아프라시압 궁전의 벽면에는 여러 가지 벽화가 그려져 있어요. 그중에는 하얀 코끼리를 타고 시집오는 신부의 행렬도 있고, 배를 타고 노니는 중국 공주의 모습도 있죠. 그리고 이 나라를 찾아 바르후만 왕을 만나는 12명의 외국 사절단을 그린 벽화도 있어요. 바로 12명 가운데 2명이 고구려에서 온 사신들이랍니다.

아프라시압 궁전 벽화 속
고구려인

오른쪽 아래에 깃털 관을 쓰고
환두대도를 찬 2명의 사신이
고구려나 통일 신라에서 온
사람들로 추측된다.

　고구려 사신이라는 걸 어떻게 알 수 있느냐고요? 우선 그
들의 모습이 딱 고구려 사람이에요. 검은 머리에 밝은 갈색
얼굴을 하고 있으니 동양인이라는 건 바로 알아볼 수 있어
요. 머리는 상투를 틀고 그 위에 새의 깃털을 꽂은 관을 쓰고
있죠. 새의 깃털을 꽂은 관은 '조우관'이라고 불리는데 고구
려 고분 벽화에 나오는 남자들이 즐겨 쓰는 관이랍니다. 게
다가 그들은 '환두대도'라고도 불리는 둥근고리큰칼을 차고
있는데, 이 역시 고구려 사람들의 풍습이었어요.

　650년 무렵이면 고구려와 서돌궐이 끊임없이 당나라의
공격을 받고 있던 시기죠. 그때 고구려가 강국에 사신을 파
견한 목적은 어렵지 않게 짐작할 수 있어요. 당나라의 공격

에서 살아남기 위해 외교를 강화하는 것이었죠. 주변에 친구들이 많으면 아무래도 위기에 처했을 때 도움을 받을 가능성이 커지잖아요? 고구려는 당나라의 침략에 대비하면서 한편으로는 서돌궐이나 강국 같은 나라에 사신을 보내 친구 관계를 돈독히 하려 했어요. 그래서 지금도 멀게 느껴지는 우즈베키스탄까지 사신을 보냈던 거죠.

돌궐이 망한 뒤의 중앙아시아

고구려 사신이 강국을 방문한 지 얼마 안 되어 서돌궐이 멸망했어요. 657년의 일이죠. 물론 서돌궐을 무너뜨린 건 당나라 군대였어요. 몽골 초원과 중앙아시아를 주름잡으며 중국과 실크로드를 놓고 경쟁하던 돌궐 제국은 이렇게 해서 역사의 저편으로 사라지고 말았죠.

서돌궐이 멸망한 뒤 고구려는 바람 앞의 등불처럼 흔들리는 신세가 되었어요. 정확히 3년 후 당나라는 신라와 손잡고 백제를 멸망시키죠. 그리고 668년에는 고구려마저 무너뜨려요. 그러니까 당나라는 서쪽으로 돌궐을 제압하고 동쪽으로 백제, 고구려를 쓰러뜨리면서 천하 통일을 이룩해 나가고 있었던 거죠. 남은 건 서남쪽의 티베트와 동쪽의 신라였어요. 하지만 티베트와 신라가 당나라에 당당히 맞서는 바람에 천하 통일이라는 당나라의 욕망은 좌절되고 맙니다.

고구려가 멸망한 뒤에도 우리 민족은 살아남아 오늘날까지 명맥을 유지해 왔어요. 고구려의 맥을 이은 발해가 만주를 지배했고 삼국을 통일한 신라는 한반도에서 찬란한 문화를 이룩했죠. 그렇다면 고구려보다 조금 더 빨리 당나라에 멸망당한 돌궐 사람들은 어떻게 되었을까요?

돌궐(突厥)은 '튀르크'라는 말을 한자로 표기한 거예요. 앞서 말한 오르콘강 유역의 돌궐 비문은 돌궐 문자로 쓰여 있죠. 돌궐 문자는 한자처럼 뜻을 표시하는 표의 문자가 아니라 한글처럼 소리 나는 대로 쓰는 표음 문자랍니다. 그래서 돌궐 비문을 보면 돌궐 사람들이 자신들을 튀르크라고 불렀다는 것을 알 수 있어요.

튀르크라고 하니까 떠오르는 나라가 있죠? 터키랍니다. 터키는 사실 튀르크를 영어식으로 쓰고 읽는 말이죠. 그러면 오늘날 그리스 동쪽에 있는 터키 사람들이 돌궐의 후손이라는 말일까요? 맞아요. 터키는 나라를 잃고 서쪽으로 이주해 간 돌궐 사람들이 세운 나라랍니다. 돌궐의 일부 부족이 터키에서 셀주크 튀르크라는 나라를 세웠고, 그에 이어 오스만 제국을 수립했어요. 셀주크 튀르크와 오스만 제국은 동유럽과 서아시아를 지배한 강력한 제국이었죠. 그러다가 20세기 들어 지금과 같은 터키 공화국으로 바뀐 거랍니다.

서쪽으로 이동한 돌궐 사람들이 정착한 곳은 터키만이 아니랍니다. 앞에서 살펴본 우즈베키스탄, 카자흐스탄, 투르크메니스탄, 키르기스스탄 등과 아제르바이잔이 모두 돌궐계 민족의 나라죠. 이 나라들은 모두 1991년까지 소련에 속해 있다가 독립했죠. 그리고 지금의 신장 위구르 자치구에 사는 사람들 가운데 가장 많은 위구르족도 돌궐 계통의 민족이고요.

이렇게 보니까 중앙아시아에는 대부분 돌궐, 그러니까 튀르크의 후예들이 살고 있네요. 그래서 8세기 아라비아인이 펴낸 지리학 책에서는 중앙아시아를 '투르키스탄'이라고 불렀답니다. 튀르크의 땅이라는 뜻이죠. 지금은 중국의 신장 위구르 자치구를 동투르키스탄이라 부르고 서쪽의 옛 소련 지역을 서투르키스탄이라고 해요. 하지만 옛날에는 그냥 중앙아시아 전체가 동서 구분 없이 투르키스탄이라고 불렸어요. 한자어를 써서 말하자면 '돌궐의 땅'이라는 뜻이죠.

돌궐이 멸망한 지 1,000년도 훨씬 더 넘었지만 이처럼 돌궐의 그림자는 드넓은 중앙아시아 전체에 드리워 있어요. 터키와 중앙아시아에 살고 있는 돌궐 계통 민족들은 서로 형제라는 생각을 가지고 있죠. 종교마저 대부분 이슬람교를 받아들였기 때문에 그러한 형제 의식이 더 끈끈할 수밖에 없죠. 예전에 중국을 떠나 타이로 넘어갔던 위구르족이 중국으로 강제 송환된 적이 있었어요. 그때 터키 사람들은 중국에 항의하는 시위를 벌이기도 했답니다. 위구르족을 형제 민족이라고 생각하니 그럴 수밖에요. 그런 시위 도중에 한국 관광

중앙아시아의 나라들
돌궐의 후예들이 살고 있는
중앙아시아

객을 중국인으로 오해해서 공격한 적도 있다고 하더군요. 먼 옛날 고구려와 돌궐 사이가 어땠는지 생각하면 그럴 수 없는데 말이죠.

자, 이제 멀고 먼 중앙아시아의 우즈베키스탄이 좀 더 가깝게 느껴지나요? 앞으로는 우즈베키스탄뿐 아니라 그 주변의 '스탄' 나라들을 친밀하게 생각할 수 있겠죠? 혹시 그곳으로 여행을 가면 고구려 시절의 역사를 잊지 말고 돌궐의 후예들에게 이야기해 주기로 합시다. 역사는 우리에게 생각하지도 못했던 친구를 만들어 주기도 한답니다.

고대 페르시아의 수도 페르세폴리스에 있는 벽화

이란은 오랜 옛날 지중해 세계를 제패했던 페르시아 제국을 계승한 나라로, 아라비아반도를 중심으로 한 아랍 국가들과는 인종도 다르고 언어도 다르고 문화도 상당히 다르답니다. 이란은 먼 옛날 세계를 호령한 제국이었던 만큼 저력이 만만치 않아요. 이란은 우리에게 무척 먼 나라로 여겨지겠지만, 사실은 오랜 옛날부터 끈끈한 인연을 맺어 왔어요. 그 인연을 찾아 모래바람의 땅으로 날아가 볼까요?

03 이란에서
신라 공주 프라랑을 만나다

수도 테헤란
면적 174만 5,150km²
언어 페르시아어
국기

페르시아(이란)인들이 폴로하는 모습

이란하면 우리는 먼저 중동에 있는 나라, 이슬람교를 믿는 나라라고 생각해요. 둘 다 맞는 말이죠. 오늘날 중동은 북아프리카와 서남아시아 일대를 가리키는 말이고, 이란 국민의 대다수는 이슬람교 신자이니까요. 그런데 만약 이란을 아랍 국가라고 하면 맞을까요, 틀릴까요? 맞는다고 생각하는 사람이 많겠지만 이란은 아랍 국가는 아니랍니다.

이란은 오랜 옛날 지중해 세계를 제패했던 페르시아 제국을 계승한 나라인데요. 아라비아반도를 중심으로 한 아랍 국가들과는 인종도 다르고 언어도 다르고 문화도 상당히 다르답니다. 아랍은 아라비아를 줄인 말인데 아랍 국가는 아라비아반도에 있는 나라들만 가리키는 게 아니에요. 아프리카의 소말리아부터 아라비아반도 북쪽의 이라크에 이르는 22개의 나라는 아랍 연맹이라는 국제기구를 구성하고 있어요. 보통 이 나라들을 아랍 국가라고 하죠. 그들의 공통점은 아랍어를 쓰고 아랍 민족이라는 의식을 갖고 있으며 대다수가 이슬람교를 믿는 거랍니다.

이란은 먼 옛날 세계를 호령한 제국이었던 만큼 저력이 만만치 않아요. 아랍 국가들은 오랫동안 분열과 테러를 겪었지만 상처를 씻어 내고 함께 미래를 향해 나아갈 준비를 하고 있답니다. 이란과 아랍은 먼 나라로 여겨지겠지만, 사실 우리와 오랜 옛날부터 끈끈한 인연을 맺어 왔어요. 그 인연을 찾아 모래바람의 땅으로 날아가 볼까요?

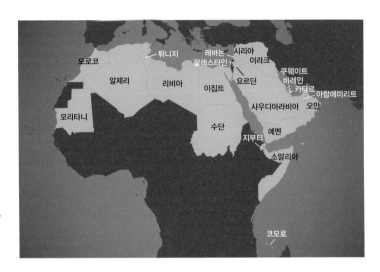

아랍 연맹 국가들
아랍 연맹에는 이집트, 시리아,
레바논, 사우디아라비아,
이라크를 비롯한 22개국이
가입하였다.

[지도 라벨] 모로코, 튀니지, 레바논, 시리아, 팔레스타인, 이라크, 알제리, 리비아, 요르단, 쿠웨이트, 바레인, 카타르, 이집트, 아랍에미리트, 사우디아라비아, 오만, 모리타니, 수단, 예멘, 지부티, 소말리아, 코모로

페르시아 왕자와 신라 공주의 사랑 이야기

지금으로부터 약 1,400년 전 서아시아에서는 엄청난 역사
적 변동이 일어나고 있었어요. 그때까지 서아시아를 호령하
던 페르시아 제국이 무너지고 아랍에서 일어난 이슬람 제국
이 그 지역의 주인이 되었답니다.

이슬람 제국은 610년 아라비아의 예언자 무함마드가 창
시한 이슬람교를 바탕으로 성장한 나라였어요. 반면 페르시
아 제국은 조로아스터교라는 종교를 믿으면서 오랫동안 아
라비아를 지배해 왔죠. 이슬람교를 믿는 사람들을 무슬림이
라고 하는데, 무슬림들은 똘똘 뭉쳐 페르시아 제국과 싸웠어
요. 그들은 사막의 모래바람처럼 일어나 페르시아 제국뿐 아
니라 이베리아반도의 기독교 국가들까지 휩쓸었답니다.

페르시아 제국의 마지막 왕은 야즈데게르드 3세라는 사람
이었어요. 그는 페르시아의 자부심을 걸고 있는 힘을 다해
이슬람 제국과 맞서 싸웠죠. 그러나 페르시아 제국은 지는
해, 이슬람 제국은 떠오르는 해였답니다. 결국 버티지 못하
고 나라가 망할 지경에 이르자 야즈데게르드는 왕자 가운데
한 명을 중국으로 보내기로 했어요. 그곳에서 목숨을 보전하
고 있다가 훗날 이슬람 제국에 복수를 하라는 뜻이었죠. 그
왕자의 이름은 아브틴이었어요.

당시 중국에는 역사상 가장 강성한 왕조라는 당나라가 있
었답니다. 당나라는 세계의 거의 모든 나라와 교류를 하고 있
었기 때문에 아브틴 왕자를 잘 받아 줬어요. 아브틴은 당나라
에 정착해서 복수의 칼을 갈았지만, 곧 떠날 수밖에 없었답니
다. 당나라가 이슬람 제국과 공식적인 외교 관계를 맺게 되었

거든요. 따라서 이슬람
제국이 무너뜨린 페르
시아의 왕자를 보호하
기가 어려웠던 거죠.

그때 아브틴 왕자가
옮겨 간 곳은 '바실라'
라는 나라였어요. 바실
라는 신라를 가리킨답
니다. 아브틴 왕자의 이

중국 칭하이성에 있는
이슬람 사원

야기는 『쿠쉬나메』라는 이란의 옛날 책에 적혀 있어요. 옛날 이란 사람들은 신라를 바실라라는 이름으로 기억하고 있었던 거죠. 당시 신라는 고구려, 백제와 치열한 전쟁을 벌이고 있었어요. 서아시아를 호령하던 제국에서 온 아브틴 왕자는 그 전쟁에서 신라에 많은 도움을 주었답니다. 그는 신라의 왕을 거들면서 페르시아의 발달한 천문과학 지식도 전해 주고 전쟁 기술도 알려 주었어요.

결국 아브틴 왕자는 신라가 삼국을 통일하는 데 큰 공을 세우게 되었죠. 신라의 왕은 아브틴에게 원하는 것을 물었어요. 아브틴은 신라의 부마, 즉 왕의 사위가 되고 싶다고 했답니다. 하지만 당시 신라의 풍습은 공주를 외국인과 결혼시킬 수 없도록 되어 있었어요. 왕은 당연히 거절했죠. 그래도 아브틴은 포기하지 않고 끈질기게 간청했답니다. 왕은 아브틴의 정성에 마음이 움직여 일단 아브틴의 사랑을 시험하기로 했어요. 공주에게 궁녀의 옷을 입혀 30명의 궁녀 속에 섞여 있도록 했죠. 만약 아브틴이 30명 가운데 공주를 알아맞히면 혼인을 허락하겠노라고 약속했답니다.

아브틴은 족집게처럼 공주를 알아맞혔어요. 다른 궁녀들과 똑같은 옷을 입고 있었지만 공주에게서는 오로라 같은 광채가 났다고 해요. 왕은 약속을 지켰어요. 그리하여 페르시아 왕자와 신라 공주가 혼인을 할 수 있었답니다. 그 공주의 이름은 프라랑이라고 해요. 우리나라 이름 같지가 않죠? 뭐,

신라도 바실라라고 했으니까 프라랑도 신라 여인의 이름을 자기네 식으로 기억하는 거겠죠. 두 사람은 행복하게 살다가 페리둔이라는 왕자를 낳았답니다.

아브틴 가족은 훗날 왕이 준 배를 타고 신라를 떠나 아브틴의 고향으로 돌아가게 됐어요. 물론 그때는 이미 페르시아가 멸망하고 이란 사람들도 이슬람교로 개종한 뒤였죠. 아브틴의 복수는 이루어지지 않았지만 프라랑은 어쩌면 이란으로 간 최초의 한국인으로 그곳에서 잘살았다고 해요.

이 이야기가 담긴 『쿠쉬나메』는 역사책이 아니라 서사시랍니다. 그러니까 정말로 아브틴 왕자가 신라에 들어와 공주와 결혼했는지는 알 수 없어요. 우리나라 역사책에도 그런 이야기는 나오지 않고요. 하지만 이란과 신라가 교류했다는 증거는 얼마든지 남아 있죠. 신라 귀족의 집을 짓는 데 쓰이

경주 계림로 보검(왼쪽)
경주 계림로 14호 고분에서 출토된 금제 단검. 페르시아의 보검을 연상케 한다.

공작문석(오른쪽)
공작 무늬를 좌우 대칭으로 넣었는데 서역 문화의 영향으로 이란과 신라가 교류했다는 증거로 추측된다.

넌 재료 중에는 사자와 공작, 나무가 그려져 있는 돌이 있어요. 이런 무늬는 페르시아 제국에서 유행하던 것이랍니다. 또 신라에는 이란에서 시작된 폴로라는 운동 경기도 전해졌어요. 폴로는 말을 타고 긴 막대로 공을 쳐서 상대편의 골문에 넣는 경기로, 우리말로는 격구라고 하죠.

앞으로 이란이 예전보다 더 친근하게 느껴질 거예요. 먼 옛날 이란 왕자가 우리나라에 왔었고, 우리나라 공주가 이란 왕자와 사랑을 나누다가 이란까지 가서 살았다는 생각을 하면 말이죠. 이란에 가면 혹시 그때 두 사람 사이에 태어난 페리둔의 후손이 어딘가 살고 있지 않을까 궁금해질 것 같군요.

처용이 아랍 사람이었다고?

이번에는 아랍 이야기를 해 볼까요? 이란 왕자가 신라에 왔었다면 이란을 무너뜨리고 서아시아를 제패한 아랍 사람들도 신라에 왔을 가능성이 있지 않을까요? 어떤 학자들은 통일 신라 때 노래에 나오는 처용이라는 남자가 아랍 출신이라고 짐작하고 있답니다.

처용이라는 이름은 아브틴보다는 좀 더 낯익지 않나요? 처용은 사람이라는 말도 있지만 전염병을 쫓는 귀신이었다는 이야기도 있어요. 그래서 신라뿐 아니라 조선 시대에도 사람들은 무섭게 생긴 처용의 탈을 쓰고 전염병 같은 사악한 기운을 쫓는 처용무를 추고는 했답니다. 자, 그렇다면 처용에 얽힌 이야기를 들어 볼까요?

신라의 서울이었던 경주에서 남쪽으로 조금만 가면 울산이라는 큰 도시가 나와요. 울산에는 바다로 이어지는 태화강이 흐르죠. 그 옛날 중국, 일본 등에서 신라로 오는 사신이나 상인들이 이곳 태화강변까지 배를 타고 들어와서 서라벌로 향했답니다.

유유하게 흐르는 태화강에는 개운포라는 작은 포구가 있어요. '개운포(開雲浦)'는 구름이 걷힌 포구라는 뜻이죠. 이 이름은 바로 처용 때문에 생겨난 거랍니다. 신라가 삼국을 통일하고도 200년 넘게 지난 879년 어느 날이었어요. 신라의 제49대 왕인 헌강왕이 신하들과 개운포에 행차했어요. 바닷가에서 한참 놀다가 돌아가려고 하는데 갑자기 구름과 안개가 자욱하게 덮이고 천지가 어두워졌답니다.

왕은 깜짝 놀라 천체의 변화를 살피던 관리를 불렀어요. 옛날에는 그런 관리를 일관이라고 했죠. 일관은 동해의 용왕이 심술을 부리기 때문에 일어난 일이라고 설명했어요. 그러면서 용을 위해 좋은 일을 하면 날씨가 다시 좋아질 거라고 했죠. 왕은 용을 위해 어떤 일을 해 줄까 고민하다가 개운포 부근에 용을 위한 절을 지으라고 했어요.

왕이 지시를 내리자 정말 구름과 안개가 걷히더니 개운포

처용암
처용이 바다에서 올라온
바위라는 뜻의 처용암.
울산광역시 지정기념물
제4호

바다 한가운데서 용왕이 아들 일곱을 데리고 나타났어요. 그리고 왕에게 감사의 인사를 드리고 아들들과 함께 덩실덩실 춤을 추고 노래를 불렀답니다. 춤을 마친 용왕은 자신의 아들 한 명을 헌강왕에게 바쳤어요. 나랏일에 도움이 되도록 쓰라는 거였죠. 그 아들은 보통의 신라 사람보다 체격이 크고 피부가 검었죠. 큰 눈은 쑥 들어가고 코는 높았는데 이 사람이 바로 처용이었답니다.

헌강왕은 처용과 함께 지금의 경주인 서라벌로 돌아갔어요. 용왕은 아들과 작별 인사를 나누고 바다로 사라졌죠. 지금도 처용이 아버지랑 형제들과 함께 바다에서 올라온 자리에는 시커먼 바위가 자리 잡고 있어요. 그 바위의 이름은 처용암이랍니다.

처용은 서라벌로 가서 왕이 점지해 준 여인과 혼인해 행복한 나날을 보냈어요. 그런데 어느 날 처용이 서라벌에서 놀다가 밤늦게 집에 돌아가 보니 큰일이 벌어져 있었죠. 처용의 아름다운 아내가 다른 남자와 바람을 피우고 있던 거예요. 처용은 크게 화를 낼 법도 했지만 그냥 노래를 부르면서 물러 나왔답니다. 너그러운 처용의 행동에 감동한 남자는 앞으로 처용의 그림만 봐도 침범하지 않겠다고 약속했다고 해요.

신라 사람들은 처용의 이야기에 나오는 남자가 전염병을 퍼뜨리는 귀신이라고 생각했어요. 그러니까 처용의 아내가 바람을 피운 것이 아니라 전염병 귀신의 침범을 받아 앓았던 거죠. 처용이 노래를 불러 전염병 귀신을 내쫓고 아내의 병을 고쳐 준 이야기라는 거예요. 그래서 신라 사람들은 무섭게 생긴 처용의 그림을 부적처럼 집에 걸어 놓고 전염병에 걸리지 않기를 기원했답니다.

이 이야기에 나오는 처용의 생김새는 신라 사람과는 거리가 멀죠. 그래서 많은 학자들이 처용은 신라에 교역을 하러 왔다가 머물러 살게 된 아랍 사람이라고 생각한답니다. 이란 사람들도 신라에 왔었으니 장사에 수완이 좋은 아랍 사람들도 당연히 왔었겠죠. 그걸 어떻게 알 수 있냐고요? 당시 아랍 사람들에게 신라가 어떻게 알려져 있었는지 살펴보면 금방 알 수 있어요.

『악학궤범』에 실린 처용 얼굴 그림 목판
『악학궤범』의 처용관복도설에 실린 처용 가면을 옮겨 그린 것으로 서역인의 모습을 하고 있다.

이슬람 지도에 나오는 신라

12세기 아랍에서 태어난 알 이드리시라는 지리 학자가 있었어요. 중세 이슬람 지리학의 아버지로 불릴 만큼 아랍에서는 널리 알려진 대학자였죠. 알 이드리시는 얼마나 유명했던지 기독교를 믿는 시칠리아 왕국의 왕이 초청해서 세계 지도를 만들어 달라고 부탁할 정도였어요.

알 이드리시를 초청한 시칠리아 왕은 로제르 2세라는 사람이었어요. 로제르 2세는 알 이드리시를 팔레르모 궁전에 초빙해 세계 모든 곳을 담은 지리 책을 편찬해 달라고 부탁했죠. 알 이드리시는 세계 곳곳에서 엄청난 양의 자료를 수집해 검토한 다음 15년이나 걸려서 세계 지리 책을 만들었답니다. 이 책의 제목은 『천애횡단갈망자의 산책』이었어요. '천애'는 하늘의 끝이 닿는 땅의 한 귀퉁이라는 뜻이죠. 그렇다면 '천애횡단'이란 이 세상의 끝을 가로지른다는 뜻이겠죠? 따라서 알 이드리시는 이 세상의 끝까지 가 보고 싶다는 염원을 담아 세계 지리 책을 펴낸 거예요.

바로 그 책에 신라도 그려져 있어요. 그런데 좀 이상하죠? 12세기면 우리나라는 고려 시대거든요. 신라가 망한 것이 935년의 일인데 그때로부터 200년이나 지난 다음에 만들어진 세계 지도에 우리나라가 신라로 나와 있는 거예요. 이건 그만큼 아랍 사람들에게 오랫동안 신라가 유명한 나라로 기억되고 있었기 때문이죠.

알 이드리시는 세계 지도에 신라를 어떻게 그려 넣었을까요? 그의 지리 책에는 한 장의 세계 지도와 70장의 지역별 지도가 담겨 있어요. 세계 지도에도 우리나라에 해당하는 지역은 나오지만 신라나 고려 같은 지명은 없죠. 하지만 지역별 지도 중에 신라라고 표기된 우리나라 지도가 나와요.

이상한 것은 신라가 5개의 섬으로 그려져 있다는 거예요. 우리나라는 반도인데 왜 섬나라로 그렸을까요? 당시 이슬람 학자들이 신라를 어떻게 생각하고 있었는지를 알면 의문이 풀린답니다. 알 이드리시를 비롯한 이슬람 학자들은 신라를 가리켜 '신라국'이라고도 하고 '신라국과 신라국의 섬들', '신라와 신라의 섬들' 하는 식으로도 불렀어요. 그러니까 알 이드리시가 그린 5개의 섬은 신라에 딸려 있는 여러 섬들을 표현한 거죠. 우리나라는 세계에서도 섬이 많기로 다섯 손가락 안에 드는 나라잖아요? 알 이드리시는 그런 우리나라의 지리적 특색을 잘 알고 있었던 거죠. 알 이드리시는 신라 지도에 다음과 같은 설명을 붙여 놓았어요.

"신라의 섬은 많으며 서로 가까이 붙어 있다. 그곳에 안카와라는 도시가 있다. 그곳에는 훌륭한 재부와 좋은 것이 많기 때문에 일단 들어간 여행자는 나오고 싶어 하지 않는다. 금이 너무 흔해서 그곳 주민들은 심지어 개의 쇠사슬이나 원숭이의 목 테도 금으로 만든다. 그들은 또 스스로 옷을 짜서 팔기도 한다."

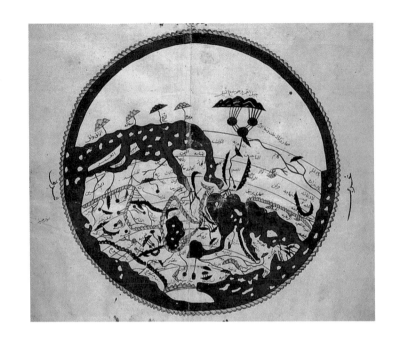

알 이드리시 세계 지도
이드리시가 로제르 2세의
명령에 따라 1154년에
만든 세계 지도

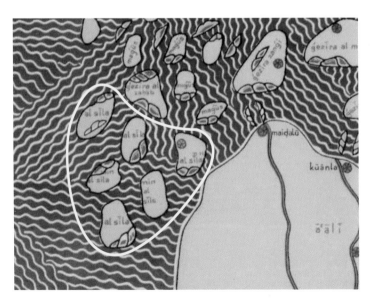

알 이드리시 지도 중
신라 부분
동그라미 안에 섬이
신라로 추측된다.

이 설명에 나오는 '안카와'가 어디를 말하는지는 알 수 없어요. 옛날에 경주를 '계림'이라고도 불렀는데 혹시 그곳을 가리키는 것이 아닐까 추측하는 학자들도 있죠. 안카와는 '알 카와'인데 '카와'가 바로 계림을 가리킨다고 말이에요. 하지만 확실치는 않답니다.

아무튼 '일단 들어간 여행자는 나오고 싶어 하지 않는다'니 아랍 사람들에게 신라는 멋진 나라였던 것 같아요. 그래서 처용도 기꺼이 헌강왕을 따라 경주로 갔던 것 아닐까요? 게다가 개의 쇠사슬과 원숭이의 목 테도 금으로 만든다니, 신라는 지금의 우리나라보다도 더 화려했던 나라가 아닐까요? 신라 고분에서 수많은 금관과 금으로 만든 물건들이 나왔기 때문에 분명 허튼소리는 아닐 거예요. 신라가 황금의 나라라는 것은 세상 사람들이 다 아는 이야기였을 테니까요.

자, 이제 이란뿐 아니라 아랍도 무척 가깝게 느껴지지 않나요? 아주 오랜 옛날부터 우리나라는 중국이나 일본 같은 이웃뿐 아니라 이란과 아랍처럼 멀리 떨어진 나라와도 활발하게 교류를 했답니다. 그런 전통이 있기 때문에 오늘날 우리나라가 세계에서 열 손가락 안에 드는 무역 대국으로 번영을 누릴 수 있는 거죠. 우리 조상들이 그랬던 것처럼 우리 모두 눈을 크게 뜨고 세상과 함께 나아가도록 해요.

중앙아시아에 있는 파미르고원

파미르고원 남쪽에 자리 잡은 파키스탄과 인도는 영국의 지배를 받다가 제2차 세계대전 이후 독립할 때 종
교적인 이유로 나뉘게 되었습니다. 인도는 들어 봤어도 파키스탄에 대해서는 잘 모르는 분이 많을 거예요.
하지만 파키스탄이 우리와 전혀 인연이 없는 나라는 아니랍니다. 고구려 출신 당나라 장군이었던 고선지가
바로 파키스탄과 인연을 맺었거든요. 1,300여 년 전으로 돌아가 고선지 원정대를 따라가 봅시다.

04 파키스탄에서
고선지를 만나다

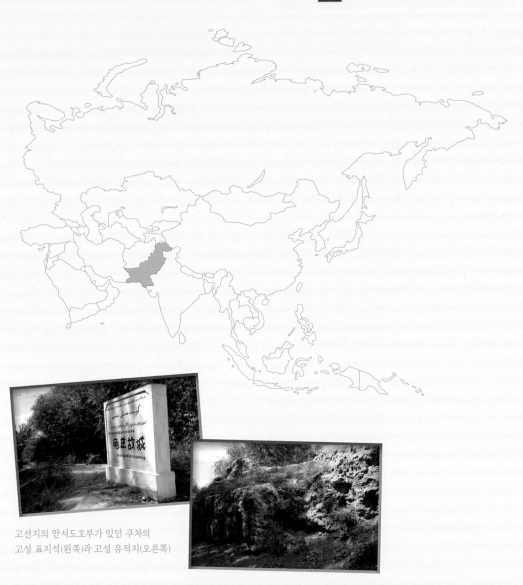

수도　이슬라마바드
면적　79만 6,100km²
언어　우르두어, 펀자브어, 신디어, 푸쉬트어, 영어
국기

고선지의 안서도호부가 있던 쿠차의
고성 표지석(왼쪽)과 고성 유적지(오른쪽)

중국의 맨 서쪽에 카스라는 국경 도시가 있어요. 이곳은 우리가 알고 있는 중국과는 달라도 너무 다르답니다. 중국인 하면 우리와 비슷하게 생긴 동양인을 떠올리지만, 카스에서는 그런 동양인을 보기가 쉽지 않아요. 이 도시의 주민 대부분은 위구르족, 카자흐족, 키르기스족 등 중앙아시아의 소수 민족들이거든요. 이 소수 민족들은 외모도 동양인과 다르지만 대부분 이슬람교를 믿기 때문에 거리 풍경도 서아시아의 이슬람 국가에 온 듯한 이국적 느낌을 주죠. 가게의 간판은 아랍 문자를 닮은 위구르 문자로 쓰여 있고, 곳곳에 이슬람 사원인 모스크와 이슬람 시장인 바자르가 있으니까요.

카스 서남쪽으로는 '세계의 지붕'이라고 불리는 파미르고원이 있어요. 파미르고원은 평균 높이가 6,000미터를 넘는 고개들로 이루어져 있죠. 서쪽의 히말라야산맥, 남쪽의 카라코람산맥과 쿤룬산맥, 북쪽의 톈산산맥 등 높이로는 둘째가라면 서러울 산맥들이 다 파미르고원으로 모여 있답니다.

바로 그 파미르고원 남쪽에 파키스탄과 인도가 자리 잡고 있죠. 두 나라는 함께 영국의 지배를 받다가 제2차 세계대전 이후 독립할 때 종교적인 이유로 나뉘게 되었죠. 파키스탄은 이슬람교를, 인도는 힌두교를 주로 믿는답니다. 인도에서 떨어져 나왔는데도 파키스탄의 인구는 2억 명이 넘어 세계 6위를 차지하고 면적은 한반도의 3배를 훌쩍 넘죠. 인도와 파키스단의 인구를 합치년 15억 명이 넘어서 중국을 능가할 정도예요.

인도에 대해서는 들어 봤어도 파키스탄에 대해서는 잘 모르는 분이 많을 거예요. 인도는 불교의 발상지로 오랜 옛날 원측, 혜초 같은 스님들이 다녀온 것으로 유명하죠. 그런데 파키스탄도 우리와 전혀 인연이 없는 나라는 아니랍니다. 고구려 출신 당나라 장군이던 고선지가 파키스탄과 인연을 맺었거든요. 썩 기분 좋은 인연은 아니었지만 말이죠. 고선지 하면 나폴레옹을 능가하는 전쟁사의 영웅으로 알려져 있는데, 과연 파키스탄에서는 어떤 일을 벌였던 걸까요? 1,300여 년 전으로 돌아가 고선지 원정대를 따라가 봅시다.

고선지가 파키스탄 원정에 나서다

고선지는 고구려인의 피를 이어받았지만 고구려에서 태어나지도 않았고 고구려의 백성도 아니었어요. 고선지가 태어난 700년 무렵에는 이 세상에 고구려라는 나라가 존재하지도 않았으니까요. 고선지의 아버지인 고사계가 고구려의 장군 출신이었는데, 고구려가 망하자 당나라로 끌려가게 되었죠. 그러니까 고선지는 당나라의 고구려인 2세라고 할 수 있을 거예요.

고선지가 태어난 곳은 지금의 간쑤성 우웨이라는 곳이었

우웨이에 있는 양주 옛 성
중국 간쑤성의 우웨이는
고선지의 고향으로 알려져
있다.

어요. 우웨이는 옛날 한나라가 실크로드로 가는 길을 개척한
뒤 하서사군이라고 이름 붙인 곳 중 하나였죠. 하서사군은
황하 서쪽에 있는 4군(郡)을 뜻해요. 한나라는 이들 4군을 발
판 삼아 서북쪽의 실크로드를 개척해 나갔죠. 그런 곳에서
장군의 아들로 태어난 고선지는 어려서부터 군인으로 길러
졌어요. 20세 때는 아버지로부터 무장의 지위를 물려받아
당나라군을 지휘하게 되었답니다.

그 무렵 당나라는 티베트고원에서 일어난 토번이라는 나
라와 실크로드를 놓고 힘겨운 싸움을 하고 있었어요. 토번은
점차 세력을 키워 당나라가 차지하고 있던 실크로드 주변의
오아시스 도시들을 야금야금 빼앗았죠. 고선지가 무장으로

문성공주
강성한 토번 왕국으로
시집가야 했던 당 태종의
문성공주

활약할 무렵에는 서쪽의 이슬람 세력과 힘을 합쳐 당나라를 위협하기에 이르렀답니다. 당나라는 토번과 맞서 실크로드를 지킬 영웅이 필요했어요. 그 영웅이 바로 고구려인의 아들 고선지였던 거죠.

당나라에 조공을 바치고 있던 실크로드 주변의 작은 나라 중에 소발률이라는 나라가 있었어요. 소발률은 지금으로 치면 파키스탄의 북동쪽 끄트머리에 자리 잡은 길기트라는 곳이랍니다. 이 작은 나라는 험준한 파미르고원 바로 아래에 웅크리고 있기 때문에 중국 쪽에서는 접근하기가 쉽지 않은 곳이었죠. 그런 나라의 왕이 어느 날 토번의 공주를 아내로 맞이하고 당나라에 등을 돌린 거예요. 소발률 하나만 당나라에 등을 돌린 거면 큰 문제가 아닌데, 소발률의 행동을 본 주변 20개 나라가 한꺼번에 당나라를 떠나 토번 편이 되었답니다.

그때 당나라의 황제는 현종(玄宗)이었어요. 당 현종하면 흔히 양귀비와 나이 차를 뛰어넘어 사랑을 나눈 황제로 알려져 있죠? 하지만 그건 당 현종이 늙은 뒤의 일이고 젊은 시절의 현종은 안팎으로 나라를 잘 이끌어 간 군주로 이름이 높았답니다. 그런 현종이 토번의 도전에 대해 팔짱만 끼고 있었을 리가 없죠. 현종은 실크로드를 지키려면 앞장서서 당나라를 배신했던 소발률을 혼내 줘야 한다고 판단했어요. 그러려면 험준한 파미르고원을 두려워하지 않을 용감한 장수가 필요했죠. 현종이 볼 때 적임자는 바로 고선지 장군이었어요. 그리하여 고선지는 역사상 처음이자 마지막으로 파키스탄으로 원정을 떠난 한국인으로 기록되었답니다.

파미르고원의 정복자

서기 747년 현종은 특별히 칙서를 내려 고선지를 행영절도사로 삼았어요. 그리고 기병 1만 명을 거느리고 가서 소발률을 토벌하라고 명령했죠. 현종은 왜 외국인 출신인 고선지를 파키스탄 원정의 책임자로 발탁했을까요? 고선지는 이미 젊을 때부터 실크로드를 관리하는 데 탁월한 능력을 보여 주고 있었어요. 게다가 오랫동안 실크로드 주변에서 군 생활을 했기 때문에 파미르고원 일대에 대한 정보를 누구보다 많이 알고 있었죠.

고선지는 현종의 명령을 받들어 1만 명의 병력을 이끌고 안서도호부를 출발했어요. 안서도호부는 서역을 평안하게 다스리기 위한 사령부를 뜻하죠. 서역은 실크로드를 포함한 중국 서쪽을 가리키는 말이었고요. 이 같은 안서도호부는 오늘날 신장 위구르 자치구의 북쪽 한가운데 있는 쿠차라는 도시에 있었답니다. 그때 고선지는 전쟁사에 길이 남을 대담무쌍한 행군을 단행했어요.

카라코람 도로
중국 서부에서 파키스탄으로
뻗은 카라코람 도로. 험준한
카라코람산맥이 보인다.

고선지 군대는 먼저 쿠차에서 톈산산맥 남쪽 길을 따라 국
경 도시 카스로 이동했어요. 카스에서 험준한 카라코람산맥
을 따라 파키스탄으로 가는 길은 지금도 세계에서 가장 험하
기로 소문난 곳이랍니다. 그곳에는 해발 4,000미터에 이르
는 카라코람 고속도로가 뚫려 있는데, 이 길은 세계에서 가
장 높은 고속도로로 꼽히죠. 고선지가 이끄는 1만 명의 병력
은 그런 길을 따라서 파미르고원에 이르렀답니다.

당나라가 자신에게 등을 돌린 소발률을 응징하기 위해 군
대를 보냈다는 소식은 토번에도 들어갔어요. 토번은 자기편

이 된 소발률을 지키기 위해 군대를 파견했어요. 카스에서 소발률로 가는 길목에 군대를 배치해 당나라 군대를 기다렸죠. 지도를 보면 카스 서쪽에는 타지키스탄이라는 나라가 있고, 타지키스탄과 남쪽의 파키스탄 사이에는 아프가니스탄 영토가 쑥 들어와 있어요. 바로 이 아프가니스탄 영토를 지나야 파미르고원을 넘어 파키스탄으로 갈 수 있는 거죠.

고선지 군대도 파키스탄의 소발률을 정벌하려면 아프가니스탄 지역을 통과해야 했어요. 그러려면 당연히 그곳에 진을 치고 있던 토번 군대를 물리쳐야 했죠. 특히 연운보라는 요새는 1만 명의 토번 군대가 지키고 있는 데다 협곡으로 둘러싸였기 때문에 웬만한 병력으로는 돌파하기 어려웠답니다. 하지만 역전의 명장 고선지에게 그 정도의 요새는 문제가 되지 않았어요. 고선지는 연운보를 둘러싸고 흐르는 계곡물이 새벽에 줄어든 틈을 타서 요새의 뒷부분을 기습 공격했죠.

옛날 전투에서는 요새를 공격하는 군대는 수비하는 군대보다 3배는 더 많아야 성공할 수 있었다고 해요. 하지만 고선지는 연운보를 지키는 1만 명과 같은 수의 병력으로 기습 공격을 펼쳐 대승을 거뒀어요. 토번군은 병력의 절반을 잃고 지원군을 요청하기 위해 본국으로 발걸음을 돌렸답니다.

이렇게 해서 파키스탄으로 가는 인간의 장벽은 제거했지만 여전히 파미르고원이라는 자연의 장벽이 남아 있었어요.

특히 소발률로 가는 길에는 탄구령이라는 험준한 고갯길이 버티고 있었죠. 탄구령은 힌두쿠시산맥에 속하는 다르코트 고개를 말하는데, 그 높이가 무려 4,688미터에 이른답니다. 당연히 만년설로 뒤덮인 얼음 고개죠. 이 고개를 넘지 않고 돌아서 가면 그 사이에 토번의 지원군이 와서 소발률을 철통같이 방어하게 될 거였답니다.

고선지는 고민 끝에 탄구령을 넘기로 결정했어요. 짧은 시간에 탄구령을 넘어 토번군이 소발률로 들어가기 위해 건너야 하는 다리를 끊어 놓기로 한 거죠. 고선지는 부장 서원경에게 별동대를 주어 먼저 고개를 넘어가 다리를 끊으라고 했어요. 그리고 자신은 나머지 부대를 이끌고 고개를 넘기 시작했죠. 말과 사람이 뒤엉켜 5,000여 미터 높이의 눈 덮인 산을 넘는 것은 생각만 해도 숨이 턱턱 막히는 작전이 아닐 수 없어요. 당연히 수많은 말과 병사가 희생당할 수밖에 없었죠. 하지만 고선지는 굴하지 않고 끝까지 고개를 넘어 소발률로 진격했답니다. 고선지 군대가 소발률의 왕과 왕비를 붙잡아 돌아가는 동안 토번군은 끊어진 다리 앞에서 발만 동동 구르고 있었죠.

전쟁의 역사에는 고선지처럼 험준한 산을 넘어 전투를 승리로 이끈 사례가 몇 차례 있어요. 고대 카르타고의 장군 한니발이 알프스산맥을 넘어 로마를 공격했고, 프랑스 장군 나폴레옹도 알프스산맥을 넘어 이탈리아를 공격했죠. 그런데 고선지가 넘은 탄구령은 한니발과 나폴레옹이 넘은 알프스산맥보다 2배나 더 높은 준령이었다고 해요. 그래서 고선지는 역사상 가장 위대한 군인 중 한 명으로, 파미르고원의 정복자로 기억되고 있답니다.

탈라스강의 결전

파키스탄을 휩쓸고 개선한 고선지는 이제 당나라 최고의 장군이 되었어요. 현종은 고선지를 실크로드의 총책임자로 임명했죠. 고구려 유민의 아들이 수많은 당나라의 장군들을 제치고 최고의 자리에 오른 겁니다.

하지만 실크로드를 지키고 관리하는 것은 결코 쉬운 일이 아니었어요. 당시 실크로드 서쪽의 이슬람 세계에서는 아바스 왕조가 막 일어나 중앙아시아에 영향을 미치기 시작했죠. 토번의 위세는 여전했고요. 지금도 강대국 사이에 낀 약소국들은 강대국들 사이의 갈등을 이용해 살아남기를 꾀하는 법이죠. 실크로드 주변의 작은 나라들도 당나라, 토번, 아바스 왕조 사이에서 눈치를 보며 어느 쪽에 붙어야 유리할지를 항상 계산했답니다.

고선지 장군이 살던 시대에 당나라는 지금의 중국 영토뿐 아니라 서쪽의 카자흐스탄, 키르기스스탄, 우즈베키스탄 지역까지 세력을 뻗치고 있었어요. 그런데 이 지역에 있던 작은 나라늘이 점점 아바스 왕조를 믿고 당나라에 뻣뻣한 태도를 취하기 시작했어요. 750년에는 석국이라는 나라가 당나라에 조공을 바치지 않겠다고 했죠. 석국은 오늘날 우즈베키스탄의 수도인 타슈켄트에 있던 도시 국가였어요. 그러자 오늘날 카자흐스탄의 수도인 알마티에 있던 돌기시라는 나라를 비롯해 9개의 도시 국가가 당나라에 반기를 들었죠.

당나라에 반기를 든다는 것은 실크로드의 지배자인 고선지에게 등을 돌린다는 것과 같은 말이었답니다. 이런 나라들

탈라스강

을 가만히 놔두면 고선지는 자신의 임무를 다하지 못하는 게 되죠. 당연히 현종과 대신들의 신임도 떨어질 거예요. 고선지는 곧바로 군사를 이끌고 반기를 든 나라들을 향해 진격했죠. 그해 12월 고선지는 키르기스스탄 대평원을 가로질러 이 나라들을 정벌하고, 석국의 왕을 사로잡아 당나라의 수도 장안으로 개선했답니다.

그런데 여기서 문제가 생겼어요. 똑똑하던 황제 현종은 그 무렵 양귀비에 푹 빠져 분별력을 잃고 있었답니다. 현종은 장안으로 붙잡혀 온 석국의 왕이 고분고분하지 않자 그를 처형해 버렸어요. 이 소식은 석국에 남아 있던 왕자에게 바로 전해졌죠. 분노한 왕자는 바로 아바스 왕조에 도움을 요청했어요. 아바스 왕조는 그 요청을 받아들여 대군을 파견했답니다. 역사상 처음으로 중국과 이슬람 세력 사이에 전투가 벌어지게 된 거죠.

아바스 왕조와 석국의 연합군이 쳐들어온다는 소식을 들은 고선지도 군대를 꾸려 출전했어요. 양쪽의 군대는 톈산산맥 서북쪽 기슭에 있는 탈라스 강변에서 마주 보게 되었죠. 아바스와 석국 연합군에는 토번의 지원군도 가세해 4만여 명에 이르렀어요. 그에 맞서는 고선지 군대는 2만 명의 용병을 합쳐 3만 명이었죠. 키르기스스탄에서 출발해 카자흐스

당나라 현종
똑똑하던 현종은 양귀비에 빠져 분별력을 잃었고, 명장이었던 고선지는 안타까운 죽음을 맞이한다.

탄 쪽으로 굽이쳐 흐르는 탈라스강이 이 역사적인 전투를 지켜보고 있었답니다.

그런데 전투가 시작되기 전에 돌발 변수가 생겼어요. 고선지가 거느리고 있던 2만 명의 용병이 아바스군에 투항해 버린 거예요. 이제 고선지 진영에 남은 병력은 당나라군 1만 명이 전부였고, 적군은 4만 명에서 6만 명으로 불어나게 되었죠. 성이나 요새에 기댄 것도 아니고 들판에서 싸워야 하는데 병력이 적군의 6분의 1에 불과하다면 승부는 이미 기운 것이나 마찬가지였답니다.

적진에 투항한 용병들이 맨 앞에서 달려와 당나라 군대와 백병전을 벌이고 그 뒤에서 아바스군이 밀려오자 당나라군은 버틸 재간이 없었어요. 당나라군이 공포에 사로잡혀 전멸의 위기에 이르렀을 때 고선지의 부장 단수실이 앞으로 나섰어요. 그는 부하 장수 이사업이 두려움에 떠는 모습을 보고는 고래고래 소리를 질렀죠.

"적이 두려워 도망가는 자는 비겁한 자요, 싸움에 지고도 용서를 바라는 자는 군인도 아니다!"

이 소리에 정신이 번쩍 든 이사업은 용기백배해서 군사들을 이끌고 나가 아바스군과 용감하게 맞섰어요. 고선지는 비록 1만 명의 군사 가운데 2,000명만 살아남는 참패를 당했지만, 이사업의 분전 덕분에 목숨을 구할 수 있었답니다.

서양에 종이 만드는 법을 전하다

고선지는 비록 패장이었지만 그동안 세운 전공이 워낙 커서 별다른 문책을 받지 않았어요. 정작 그의 운명을 재촉한 것은 나라 안의 적들이었죠. 탈라스강 전투가 끝나고 4년 만에 당나라 안녹산의 반란이 일어났어요. 현종이 양귀비와 사랑을 나누느라 국정에 소홀한 사이 현종의 정치에 불만을 품은 안녹산이라는 사람이 일으킨 반란이었죠.

하서절도사로 있던 고선지는 부원수로 임명되어 반군에 맞섰어요. 무서운 기세로 반군이 진격해 오자 고선지는 태원창(太原倉)이라는 나라의 창고가 반군에게 넘어가는 것을 막기 위해 창고 안에 있던 물자들을 군사에게 나누어 주고 나머지는 불살랐죠. 그리고 퉁관(潼關)이란 곳으로 철수했어요. 그런데 고선지와 늘 함께하던 변영성이라는 환관이 고선지에게 누명을 뒤집어씌웠어요. 고선지가 반군에게 저항하기는커녕 나라의 창고를 털어 제 배 속을 채우고 철수했다고 모함한 거죠. 현종은 변영성의 거짓 보고를 곧이곧대로 믿고 고선지를 처형하라고 명령했어요. 고선지는 100명의 칼잡이와 함께 자신을 찾아온 변영성에 의해 안타까운 죽음을 맞이하고 말았답니다.

비록 비참한 최후를 맞았지만 고선지는 실크로드의 왕자로 영원히 역사에 기록될 거예요. 그리고 고선지에게는 뜻하지 않았던 역사적 업적이 하나 더 추가되었어요. 그때까지만 해도 종이가 없어 양피지 따위에 글씨를 썼던 서양 사람들에게 종이 만드는 법을 전했다는 거죠. 이게 무슨 말일까요?

사실 고선지는 이슬람 세계나 유럽에 종이 만드는 법을 전할 생각은 조금도 하지 않았어요. 그런데 탈라스강의 전투에서 아바스군에게 패하면서 자연스럽게 종이 만드는 법을 아바스 왕조에 전해 주게 되었던 거예요. 당시 전 세계에서 종이를 만들어 사용하는 나라는 중국과 우리나라, 일본, 베트남 정도였죠. 일본에 종이 만드는 법을 전한 사람은 고구려의 담징 스님이었다고 합니다.

고선지는 실크로드를 관리하는 대장군이었으니까 늘 종이 만드는 기술자들을 데리고 다녔죠. 다른 지역에 있는 장군들이나 장안에 있는 황제와 소식을 주고받을 때 항상 종이가 필요했으니까요. 그런데 고선지 군대가 아바스군에게 전멸을 당하면서 고선지가 거느리고 있던 종이 기술자들이 아바스군에 포로가 됐던 거예요. 아바스 왕조는 이 기술자들을 데리고 가서 그들에게 종이 만드는 법을 배운 거죠.

당나라는 종이 만드는 법을 첨단 기술로 여기고 철저히 비밀에 붙이고 있었어요. 따라서 고선지가 패배하지 않았다면 이슬람 세계에 종이 만드는 법은 한참 더 늦게 전해졌을지도 모르죠. 유럽에 종이를 전한 건 이슬람 사람들이니까 유럽 사람들이 종이를 쓰게 되는 것도 훨씬 더 늦어졌을 거고요.

고선지는 바로 이렇게 해서 서양에 종이 만드는 법을 전한

제지술의 세계 전파 경로
고선지 군대에 의해 이슬람
세계에 전해진 제지법은
서유럽에도 전해져 15세기
활판 인쇄술의 등장과
출판 문화의 발달에 기여했다.

사람이 된 거랍니다. 어떤 학자들은 고선지를 '유럽 문명의
아버지'라고도 하더군요. 고선지 때문에 이슬람 세계에 종이
만드는 법이 전해지고, 다시 그 기술이 유럽에 전해져 근대
유럽 문명이 태어날 수 있었다는 거예요. 하지만 고선지가
종이 만드는 기술자도 아니고, 서양에 종이 만드는 법을 전
해 주려고 한 것도 아닌데 유럽 문명의 아버지라고 부르는
건 좀 지나치지 않을까요?

파키스탄에 쳐들어가기 위해 파미르고원을 넘은 것보다
는 서양에 종이를 전해 주었다고 하는 것이 더 명예롭기는
하죠. 하지만 고선지를 종이의 전래와 연결 짓지 않아도 그
는 충분히 역사에 남을 업적을 가진 군인으로 기억될 겁니다.

크라스키노의 발해 유적

러시아는 흔히 유럽 국가로 알려져 있지만 러시아 영토의 80퍼센트 이상은 아시아 대륙에 속해 있어요. 러시아의 아시아 지역 영토를 시베리아라고 하죠. 광활한 시베리아 동쪽 끄트머리에서 바다와 맞닿아 있는 땅이 연해주랍니다. 고구려와 발해의 영토가 걸쳐 있던 연해주에서 오랜 옛날부터 우리와 맺어 온 인연을 만날 수 있을 거예요.

05 러시아 연해주에서 발해 사신을 만나다

수도	모스크바
면적	1709만 8,250km^2
언어	러시아어
국기	

중국 지린성 정효공주 고분 벽화 속 발해인

러시아는 세계에서 가장 큰 나라입니다. 이 나라는 흔히 유럽 국가로 알려져 있죠. 하지만 러시아 영토의 80퍼센트 이상은 유럽 대륙이 아니라 아시아 대륙에 속해 있어요. 이처럼 80퍼센트에 이르는 러시아의 아시아 지역 영토를 시베리아라고 하죠. 러시아에서 시베리아를 떼어 내 독립시키면 시베리아가 세계에서 가장 큰 나라가 될 거예요.

그렇게 광활한 시베리아의 동쪽 끄트머리에서 바다와 맞닿아 있는 땅이 연해주랍니다. 연해주는 우리와도 관계가 깊어요. 우리 역사상 가장 큰 나라였던 고구려와 발해의 영토가 그곳에 걸쳐 있었죠. 일본에 나라를 빼앗겼을 때 수많은 애국선열이 연해주로 가서 독립운동을 펼쳤어요.

연해주처럼 추운 땅을 무엇에 썼을까 궁금한가요? 발해가 이곳을 차지하고 있던 시절에는 지금처럼 춥지 않았다고 해요. 연해주에서 농사도 짓고 연해주의 항구에서 배를 타고 일본으로 가기도 했어요. 이제부터 1,200여 년 전 연해주의 항구 도시로 가서 일본으로 떠나는 발해 사신들을 만나 볼까요? 참으로 오랜 옛날부터 연해주가 우리와 맺어 온 인연을 확인하게 될 거예요.

연해주를 떠나는 발해 사신

연해주(沿海州)는 '바다에 닿아 있는 땅'을 뜻해요. 본래는 만주의 일부였으나 러시아가 이 지역을 차지한 뒤 만주에서 분리되었죠. 넓이가 16만 5,900제곱킬로미터에 이르니 한반도의 70퍼센트를 훌쩍 넘는답니다. 이처럼 넓은 땅이 1,200년 전에는 발해의 영토였죠. 서기 758년 겨울, 발해 대사 양승경 일행은 연해주에서 일본을 방문하기 위해 차가운 바다로 떠나는 배에 몸을 실었어요.

양승경 대사가 배에 오른 항구는 염주(鹽州)라는 곳에 있었어요. 지금은 크라스키노라고 불리는 곳이죠. 북한 땅의 동쪽 끝에서 두만강을 건너가면 나오는 해안 도시랍니다. 이름에 '소금 염(鹽)'자를 쓴 것으로 보아 발해 때는 이곳에서 나라에 필요한 소금을 생산했던 것 같아요. 바닷가에 있으니 소금을 만들기가 쉬웠겠죠? 안중근 의사가 독립군 활동을 했던 블라디보스토크는 이곳에서 동북쪽으로 약 280킬로미터 떨어져 있답니다.

발해 항구 도시 염주 (크라스키노)의 위치

러시아는 워낙 북쪽에 있는 나라다 보니까 겨울에도 얼지 않는 항구를 찾기가 쉽지 않아요. 겨울에 얼지 않는 항구를 부동항(不凍港)이라고 하는데요. 러시아의 역사는 부동항을 찾아 남쪽으로 내려가려고 안간힘을 써 온 역사라고 해도 지나친 말이 아니랍니다. 러시아는 1904년에 만주와 한반도에서 일본과 전쟁을 벌인 일이 있죠. 그것도 러시아가 만주의 뤼순, 한반도의 원산 같은 부동항을 노리고 일본과 싸운 전쟁이었어요.

크라스키노, 그러니까 염주는 지금도 러시아에서 겨울에 얼지 않는 몇 안 되는 부동항 가운데 하나랍니다. 발해 시절에는 지금보다 연해주의 기후가 더 따뜻했으니까 당연히 염주는 겨울에도 얼지 않았겠죠. 하지만 아무리 겨울에 얼지 않는다고 해도 우리나라의 겨울보다는 추울 텐데요. 발해 대사 양승경은 왜 이렇게 추운 겨울에 일본으로 가는 배를 타려고 항구에 나온 걸까요?

그 이유는 바람에 있어요. 다들 알겠지만 옛날에는 배를 움직이려면 돛을 달고 바람의 힘을 빌려야 했죠. 엔진을 달고 그 힘으로 배를 움직인 것은 근대 들어와서의 일이니까요. 바람의 힘으로 배를 움직이려면 당연히 바람의 방향과 세기를 살피는 게 매우 중요했어요. 크라스키노의 앞바다는 포시에트만이라고 하는데, 이 바다는 동해의 일부를 이루죠. 동해에서는 겨울철에 바람이 동쪽으로 분답니다. 일본은 동쪽에 있으니까 일본으로 가려면 바람이 동쪽으로 부는 겨울에 배를 타는 게 유리했던 거죠.

동해는 풍랑이 거센 바다라서 결코 항해가 쉬운 곳이 아니랍니다. 지금도 동해의 해수욕장에 가 보면 거센 바람과 함께 엄청나게 큰 파도가 일렁이는 것을 종종 볼 수 있잖아요? 그러니까 동해에서 배를 타고 일본으로 간다는 것은 결코 쉬운 일이 아니었어요. 바람이 순조롭게 동쪽으로 불어 준다면

크라스키노에서 발견된
발해 주거지 흔적

모르지만, 풍랑이 거세게 일어나면 목숨을 잃을 수도 있죠. 실제로 일본으로 가다가 거센 바람과 파도에 배가 뒤집혀 목숨을 잃은 사신들도 적지 않았어요. 지금 배를 타고 크라스키노를 빠져나가는 양승경 대사 일행도 목숨을 걸고 동해로 나가는 거랍니다. 발해가 이처럼 위험한 길을 무릅쓰고 연거푸 일본에 사신을 보낸 까닭은 무엇일까요?

발해는 왜 일본에 사신을 보냈을까?

양승경 대사가 일본을 향해 크라스키노를 떠난 것이 758년의 일이라고 했죠? 그보다 정확히 60년 전, 그러니까 698년에 발해가 세워졌어요. 발해는 고구려의 뒤를 이어 고구려 옛 땅에 세워진 나라였죠. 고구려가 신라와 당나라의 연합군에게 멸망한 것이 668년의 일이었답니다. 그때 당나라의 영주라는 곳에 잡혀 간 고구려 장군 중에 걸걸중상(乞乞仲象)이라는 사람이 있었어요. 걸걸중상은 고구려 유민을 모아 반란을 일으켰죠. 당나라 군대에 쫓기면서 반란군을 이끌던 걸걸중상이 죽자 그의 아들인 대조영이 계속해서 고구려 유민을 지도했어요. 대조영은 당나라 추격군을 물리치고 지금의 중국 랴오닝성 둔화라는 곳에 발해를 세웠답니다.

발해는 고구려를 계승한 나라이기 때문에 고구려를 멸망시킨 당나라나 신라하고는 사이가 나쁠 수밖에 없었어요. 그래서 건국 초기에는 당나라나 신라와 으르렁거리면서 전쟁을 할 뻔한 일도 있었죠. 그때 당나라, 신라와 사이가 나쁜 나라가 바다 건너에도 있었어요. 바로 일본이죠.

왕인 박사 이야기를 할 때에도 살펴본 것처럼 일본은 삼국 시대에 고구려, 백제와는 비교적 사이가 좋았고 신라와 사이가 좋지 않았어요. 나당 연합군이 백제를 멸망시켰을 때는 일본이 대군을 보내 백제 부흥군을 돕기도 했죠. 따라서 신라가 삼국을 통일한 뒤 일본과 신라 사이에는 팽팽한 긴장감이 감돌았어요. 적의 적은 나의 친구니까 발해와 일본은 서로 친해지려고 노력했어요.

양승경은 발해가 일본에 보내는 네 번째 사신이었어요. 발해가 처음 일본에 사신을 보낸 것은 제2대 무왕 때인 727년의 일이었죠. 그때 무왕은 사신을 통해 일본 천황에게 편지를 보냈어요. 그 편지에서 발해가 고구려의 옛 터전을 되찾고 부여의 풍속을 소유하게 되었다고 밝혔답니다. 고구려의 옛 터전을 되찾았다는 말은 알겠는데 부여의 풍속을 소유했다는 말은 무슨 뜻일까요?

부여는 고구려가 건국되기 전부터 만주에 있었던 우리 민족의 나라랍니다. 고구려를 세운 주몽은 본래 부여 사람이었죠. 또 백제를 세운 온조는 주몽의 아들이었고요. 그러니까 고구려와 백제의 뿌리는 부여라고 할 수 있어요. 백제와 사이가 좋았던 일본은 이 같은 전통을 잘 알고 있었죠. 그래서 무왕은 발해가 부여와 고구려의 맥을 이은 나라라는 것을 강조한 거예요.

발해는 양승경 이후로도 여러 차례나 일본에 사신을 보냈어요. 다 합치면 30여 차례에 달했어요. 발해가 멸망한 것이 926년이었으니까 발해는 227년 동안 계속된 나라랍니다. 그렇다면 최소한 10년에 한 번 꼴로 발해 사신이 동해를 건너 일본을 방문한 거죠. 일본으로 가다가 사고를 당해 목숨을 잃은 사신들까지 합치면 그보다 훨씬 더 자주 보냈다고 할 수 있어요.

일본이 발해에 보낸 사신은 발해가 일본으로 보낸 사신보다 적어요. 모두 13차례가 기록되어 있죠. 그건 일본이 발해보다 배를 만드는 기술이 떨어졌기 때문이기도 하고 나중에 신라와 친해지면서 발해에 사신을 보낼 필요가 줄어들었기 때문이기도 하죠.

역사 기록을 보면 발해 사신들이 산을 넘고 바다를 건너 일본에 가면 배는 항구에 가득하고 수레는 길에 가득 찼다고 해요. 처음에는 당나라와 신라의 위협에 대비하는 차원에서

발해 상경성 제3 궁전터

중국 헤이룽장성 닝안현 보하이진 둥징청에 있는 발해의 수도 상경용천부(상경성) 유적이다. 궁성 안에는 모두 5개의 궁전이 있었다. 발해 국왕이 국사를 보던 곳인 제1 궁전터는 약 3미터 높이의 기단을 세우고 그 위에 건물을 세웠다. 제1 궁전터의 규모는 가로 56미터, 세로 25미터로 웅장한 규모의 주춧돌이 동서로 5줄씩 배열되어 있다. 제1 궁전터 뒤로는 일직선으로 모두 4개의 궁전터가 배열되어 있다. 제4 궁전은 국왕의 침실이었고 이곳에서는 온돌이 발견되었다. 팔보유리정은 궁성 안에 있던 왕실 우물로, 입구는 팔각형 모양, 내부는 원형으로 구성되어 있다. 고구려의 전형적인 우물 양식을 이어받았다.

외교 관계가 이루어졌지만, 시간이 흐르면서 두 나라의 교류는 문화적인 성격을 띠게 되었어요. 그래서 발해 사신과 일본의 문인들이 시 짓기 대결을 벌이기도 하고 일본이 발해 음악을 도입하기도 하는 등 문화 교류가 활발해졌죠. 지금도 일본에서는 발해악이라는 것이 전통 음악의 하나로 연주되고는 한답니다.

우리는 발해라는 나라가 우리 역사상 가장 넓은 영토를 가

진 나라였기 때문에 발해를 사납고 호전적인 나라로 보기 쉬
워요. 그러나 발해는 군사 대국이 아니라 문화 대국이었어
요. 전쟁보다는 평화를 사랑하고 문학과 예술을 즐기는 나라
였죠. 그 시절 세계에서 가장 번성했던 당나라도 발해를 가
리켜 '해동성국(海東盛國)'이라고 불렀답니다. 동쪽에 있는
문화가 융성한 나라라는 뜻이죠. 이처럼 문화를 사랑한 발해
의 참모습은 일본과 교류할 때에도 잘 나타났답니다.

교토의 달 밝은 밤에

양승경 일행은 험한 바다를 건너고 산과 들을 지나 일본의
수도인 헤이조쿄에 도착했어요. 헤이조쿄는 지금의 나라(奈
良)에 있던 고대의 계획도시였어요. 처음부터 천황이 머무르
는 수도로 계획되고 정비되었다는 뜻이죠. 당시 동아시아에
서는 모든 것의 표준이 당나라에 맞춰져 있었어요. 신라나
발해나 일본이나 국가 체제를 당나라 방식
으로 정비했다는 뜻이랍니다. 따라서 세 나
라의 수도는 당나라의 수도인 장안을 모방
해 새로 짓거나 기존의 도시를 재정비했죠.
신라의 경주는 재정비한 사례이고 발해의
상경성은 처음부터 장안과 같은 모양으로
건설한 사례였어요.

헤이조쿄
지금의 일본 나라 지역에
있던 고대의 계획 도시

나라(헤이조쿄)

헤이조쿄가 일본의 수도가 된 것은 710년이었어요. 양승경이 이곳에 도착한 것은 그로부터 48년밖에 안 지난 때였죠. 그러니까 양승경이 본 헤이조쿄는 사실상 신도시라서 거리의 풍경이 매우 신선하고 발랄했을 거예요. 당시 일본의 실권을 쥐고 있던 사람은 후지와라 나카로였어요. 그는 발해 사절단을 극진히 대접했답니다. 낮에는 두 나라의 문인들이 모여 한시를 주고받고, 밤이 되면 연회를 벌였죠.

연회의 첫 번째 순서는 일종의 관현악 연주인 '주악(奏樂)'이었어요. 발해 사신을 맞을 때는 발해에서 건너온 음악을 연주했죠. 발해 사절단과 함께 간 악단이 발해 음악을 연주할 때도 있고, 일본의 악사들이 '고려악'을 연주할 때도 있었어요. '고려'는 고구려를 가리키는 말이죠. 옛날에는 고구려를 고려라고 한 적도 많거든요. 발해도 고구려를 계승했다는 의미에서 나라 이름을 고려라고 밝힌 적이 있어요.

고려악은 고구려의 음악이기 때문에 발해 사람들에게는 고향의 음악이나 마찬가지였죠. 일본 관리들과 발해 사신들은 음악이 연주될 때 가만히 듣기만 하는 것이 아니었어요. 음악에 맞추어 춤을 추기도 했답니다. 험난한 항해와 여행을 마치고 일본에 도착한 발해 사신들이 고향의 음악을 들었을 때 그 감흥이 어땠을까요? 발해 사신들은 발해 악단이 연주하든 일본 악단이 연주하든 고향 음악만 나오면 모두 일어나 발을 구르며 흥을 돋우었답니다.

연회의 마지막에는 젊고 아름다운 여성으로 이뤄진 무용단이 공연했어요. 이것을 '여악(女樂)'이라고 했답니다. 공연의 규모도 엄청나게 컸어요. 어떤 때는 무려 148명이나 되는 무용수가 한꺼번에 무대에 올라 화려한 볼거리를 제공하기도 했죠. 이런 연회 속에 멧돼지, 새, 사슴 등 고기류와 마늘을 넣어 요리한 대륙식 음식이 제공되었어요. 발해 사신들은 대륙에서 온 사람들이기 때문에 그들의 식성에 맞춘 거죠. 사신들은 또 조주관(造酒官)에서 정성껏 빚은 탁주로 목을 축이면서 이국 생활이 주는 긴장을 풀고 향수를 달랬답니다.

공식 연회가 끝난 뒤에도 후지와라 나카로는 천황의 허락을 얻어 자신의 저택으로 양승경 일행을 초대했어요. 당시 일본에서 음악을 담당하는 관청을 내교방(內敎坊)이라고 했는데, 후지와라는 내교방 소속의 여악을 선보이며 밤이 새도록 잔치를 계속했다고 해요.

일본은 왜 발해 사신을 환대했을까?

후지와라가 발해 사절단에게 베푼 환대에는 정치적 의도가 있었어요. 일본의 숙적인 신라를 공격하는 데 발해를 끌어들이기 위해서였답니다. 양승경 일행이 돌아간 뒤 후지와라는 고구려 유민 출신인 고마 오야마를 발해에 사신으로 보냈어요. 발해의 확실한 답을 듣기 위해서였죠.

발해는 일본의 요청을 받아들여 신라와 전쟁을 하기로 했을까요? 발해는 고마 오야마의 방문을 받고 곰곰이 생각한 뒤 답방 사신을 보냈어요. 일본의 요청에 대답을 하기 위한 사절단이었죠. 그런데 이때 발해가 보낸 사신은 문인 출신 왕신복이었어요. 앞서 일본을 방문한 양승경 대사는 무인 출신이었답니다. 양승경뿐 아니라 그때까지 발해가 보낸 사신들은 대체로 무인이었어요. 그만큼 일본과의 군사적 관계가 중요했던 거죠. 그러나 막상 일본이 함께 신라를 공격하자는 제안을 하자 그에 대한 답을 들고 일본에 간 사신은 문인이었어요.

이렇게 발해가 문인을 사신으로 보냈다는 것 자체가 후지와라의 제안을 간접적으로 거절하는 의미를 띠고 있었죠. 발해는 비록 신라와 사이가 좋지는 않았지만 전쟁을 하면서까지 일을 키우고 싶지는 않았던 거예요. 또 당시 발해를 둘러싼 동아시아 정세는 긴장이 상당히 풀어져 있었기 때문에 전쟁을 벌일 필요까지는 없었답니다. 일본도 발해의 뜻을 이해하고 신라와 전쟁하려던 생각을 접게 되었죠.

왕신복이 일본을 방문하고 발해로 돌아갈 때 고노 우치유미라는 일본인이 함께 따라갔어요. 고노 우치유미는 발해의 음악을 배우러 가는 유학생이었죠. 오늘날 일본 전통 음악에 발해악이 남아 있는 것은 당시 고노 우치유미 같은 일본 음악인들이 발해 음악을 제대로 배워 간 덕분이죠. 그때부터 발해와 일본의 관계는 당나라와 신라를 경계하는 국방 외교에서 문화 교류로 바뀌게 되었어요. 교역도 활발해졌죠. 발해는 일본에 특산물인 담비 가죽을 수출하고 삼베, 목면, 명주 같은 섬유 제품을 일본으로부터 수입했어요. 발해 사신들이 일본 정부의 지원을 받아 시장에서 직접 물건을 사고판 일도 있었답니다.

발해 사신들은 일본에 갈 때마다 일본 문인들과 한시 경연 대회를 벌였어요. 그러다 보니 뒤로 갈수록 문장에 뛰어난 재능을 가진 문인들이 일본으로 파견되고는 했죠. 발해 사신이었던 배정은 "일곱 걸음을 걸을 때마다 시가 나온다."고 할 만큼 능력이 뛰어난 문인이었어요. 양태사, 왕효렴 같은 사신도 문장으로 둘째가라면 서러운 사람들이었답니다.

일본에서도 발해 사신과 벌이는 한시 경연에 스기와라 미치자네, 오에 아사쓰네 같은 최고의 문인들을 투입했죠. 두 나라의 문인들은 한시 경연 때마다 허리띠를 풀고 옷깃을 열어 술잔을 교환했답니다. 그러면서 즉석에서 지은 한시 가운데 두 편씩 골라 우정의 대결을 벌이고는 했죠. 이러한 한시 경연은 두 나라의 문화적 수준을 높이는 역할도 했답니다.

일곱 걸음을 걸을 때마다 시가 나온다는 배정의 아들 배구(裵璆)도 일본에 사신으로 다녀왔어요. 배구는 일본 최고의 문인 가운데 한 명인 오에 아사쓰네와 깊은 친분을 맺었죠. 배구는 오에 아사쓰네가 일본을 문화적으로 잘 이끌고 나가길 빌었다고 해요.

훗날 배구는 일본에 두 번째 사신으로 갔을 때 제일 먼저 오에 아사쓰네의 안부부터 물었다고 합니다. 오에라는 일본 성은 한자로 '강상(江上)'이라고 쓰죠. 배구는 "강상 공은 이제 대신(大臣) 자리에 올랐겠네요?" 하고 물었어요. 그러나 마중 나온 일본 관리는 고개를 가로저으며 "아직은요."라고 대답했답니다. 배구는 그 말을 듣고 실망하면서 이렇게 말했죠.

"일본은 재능 있는 인물을 쓰는 나라가 아님을 알았소."

배구 자신은 글재주와 학문적 지식 덕분에 발해에서 좋은 대접을 받고 있는데, 자기 못지않은 오에 아사쓰네는 일본에서 그렇지 못한 것을 비판한 말이었죠. 배구의 말을 보면 우리는 발해가 얼마나 문화적 자부심이 강하고 인재를 아끼는 나라였는지 알 수 있답니다.

베트남 후에 황궁

베트남은 우리나라와 비슷한 점이 많아요. 둘 다 강대국인 중국의 이웃에 있으면서 독립을 유지하기 위해 애를 써 왔죠. 일본의 지배를 받았던 것도 같고 일본으로부터 해방된 뒤 나라가 둘로 갈라졌던 것도 같아요. 이처럼 비슷한 두 나라를 이어 주는 역사 속 인물, 이용상을 만나러 1,000년 전으로 거슬러 올라가 볼까요?

06 베트남에서
화산 이씨의 조상을 만나다

수도 **하노이**
면적 **33만 1,230km^2**
언어 **베트남어**
국기

베트남 리 왕조 창건 기념 덴도 축제

베트남은 중국 남쪽 인도차이나반도의 오른쪽 바닷가에 뱀처럼 길게 누워 있는 나라입니다. 왼쪽은 캄보디아와 라오스의 밀림 지대와 맞닿아 있죠. 면적은 한반도의 1.5배가량 되고 인구는 1억 명에 이른답니다. 오랜 세월 전란에 시달려 왔지만, 경제가 빠르게 성장하고 있기 때문에 미래는 매우 밝죠.

1960년대에 베트남이 둘로 나뉘어 전쟁을 하고 있을 때 우리나라는 군대를 보내 지금의 베트남 정부 쪽과 싸웠어요. 그래서 베트남이 통일된 다음 한동안 사이가 좋지 않았죠. 1980년대 들어 베트남이 개방 정책을 펼치면서 한국과 관계 개선을 원하고 우리도 베트남에 과거의 일을 사과하면서 지금은 서로 좋은 관계를 유지하고 있어요. 우리나라의 박항서 감독이 베트남 축구 대표 팀을 이끌면서 좋은 성적을 낸 덕분에 더욱 사이가 돈독해졌죠.

우리나라와 베트남은 비슷한 점이 많아요. 둘 다 강대국인 중국의 이웃에 있으면서 독립을 유지하기 위해 애를 써 왔죠. 우리나라와 베트남 모두 일본의 지배를 받았고, 일본으로부터 해방된 뒤 나라가 둘로 갈라졌던 것도 같아요. 다만 베트남은 1975년에 통일을 이룩했고 우리는 아직도 분단되어 있지만 말이죠. 이처럼 비슷한 한국과 베트남을 이어 주는 역사 속 인물이 있어요. 고려 때 살았던 이용상이라는 분인데, 본래 베트남 사람이었다고 해요. 그 오랜 옛날 어떻게 베트남 사람이 우리나라까지 와서 살게 되었을까요? 이제부터 약 1,000년 전으로 거슬러 올라가 이용상의 파란만장한 일대기를 만나 보기로 합시다.

이용상이 베트남을 탈출하다

이용상은 베트남에서는 리롱뜨엉이라고 불립니다. 우리나라와 베트남은 다 같이 중국에서 한자를 들여다가 사용했죠. 오랜 세월 한자를 쓰다 보니 한자를 소리 내어 읽는 발음이 조금씩 달라졌어요. 그래서 '李龍祥'이라는 한자를 우리나라에서는 이용상이라 읽고 베트남에서는 리롱뜨엉이라고 읽게 된 거죠.

리롱뜨엉은 우리나라로 치면 고려 시대인 1174년 베트남의 황족으로 태어났어요. 왕족이 아니라 황족입니다. 고대 동양에서는 황제가 가장 높은 존재이고 왕은 황제의 신하였죠. 당시 베트남의 지배자는 왕이 아니라 황제였어요. 즉 리롱뜨엉이 황족이라는 말은 황제의 가족이라는 뜻이죠.

고려의 지배자가 왕을 칭하고 있을 때 황제가 다스리는 나라를 표방했던 베트남 왕조는 리 왕조였어요. 리롱뜨엉의 7대조 할아버지인 리꽁우언(李公蘊)이 창시한 나라죠. 그 이전에 베트남은 중국의 지배를 받고 있었는데 리꽁우언이 중국 세력을 몰아내고 독립을 이루었습니다. 그리고 중국 황제

를 섬기지 않는다는 뜻에서 왕이 아닌 황제
를 칭했죠. 베트남 사람들은 지금도 리꽁우
언을 위대한 황제로 존경하고 있답니다.

리롱뜨엉은 베트남의 제8대 황제인 혜종
의 삼촌이었어요. 형님의 아들인 혜종이 어
린 나이에 즉위했기 때문에 리롱뜨엉은 조
카를 대신해 나라의 중요한 일을 처리하고
는 했죠. 그런데 바로 그때 베트남에서 커다
란 정변이 일어납니다. 혜종의 외가 쪽 친척
인 쩐투도(陳守度)가 일으킨 정변이었어요.
쩐투도는 혜종을 협박해 혜종의 딸인 소성
공주에게 황제 자리를 물려주라고 합니다.

리꽁우언 동상
중국 세력을 몰아내고
리 왕조를 창시한 베트남의
영웅

7세밖에 안 된 소성공주는 리 왕조의 마지막 황제인 소황제
가 되죠. 그런 다음 쩐투도는 어린 소황제를 자기 조카 쩐카
이와 혼인시킨 다음 쩐카이에게 황제 자리를 양보하게 합니
다. 결국 쩐씨가 황제 자리에 오르면서 리 왕조는 막을 내리
고 쩐 왕조 시대가 열린 거죠.

조카를 황제로 만든 쩐투도는 권력을 한 손에 쥐고 리 왕
조의 황족들을 하나둘 제거해 나갔습니다. 먼저 혜종을 압박
해 스스로 목숨을 끊게 만들었어요. 혜종의 장례식에 종친과
황족들이 다 모이자 쩐투도는 군사를 풀어 그들을 모조리 죽
여 버렸다고 해요. 리롱뜨엉도 조카 혜종의 장례식에 갔으면

꼼짝없이 숙은 복숨이었겠죠. 하지만 이 사태를 내다본 리롱뜨엉은 아프다는 핑계를 대고 장례식에 가지 않았어요. 그리고 틈을 보아 측근들과 함께 배를 타고 도망쳤답니다. 험한 파도에 몸을 내맡긴 리롱뜨엉 일행은 물결 따라 바람 따라 남중국해를 건너 우리나라의 서해로 들어섰어요. 1226년의 일이었다고 합니다.

이용상이 고려에 정착하다

리롱뜨엉은 서해를 거슬러 올라가다가 지금의 황해도 옹진 해안에서 도적 떼를 만났어요. 그 도적들은 옹진에 사는 사람들을 납치하고 있었죠. 아무리 도망쳐 나온 신세지만 리롱뜨엉은 베트남의 황족이었어요. 거느리고 있던 군사들을 시켜 도적들을 쫓아내고 납치당할 뻔한 사람들을 구해 주었죠.

옹진을 다스리던 현령은 리롱뜨엉 일행을 받아들이고 극진한 대접을 베풀었어요. 당시 고려 사람들은 베트남을 안남(安南)이라고 불렀죠. 옹진 현령과 리롱뜨엉은 서로 말은 통하지 않았어도 한문을 잘 알고 있었기 때문에 글을 써 가면서 대화를 나눌 수 있었어요. 리롱뜨엉이 베트남에서 지체 높은 신분이었다는 것도 알게 되었죠.

옹진 현령은 고려 국왕 고종에게 문서를 올렸어요. 안남국의 황손이라는 사람이 멀리서 배를 타고 와서 도적을 퇴치했으니 이 사람을 받아 달라는 내용이었죠. 고종은 리롱뜨엉의 처지를 이해하고 그에게 옹진성 동쪽 화산(花山)이라는 곳에 식읍을 하사했어요. 식읍이란 농사를 지어 먹고 살 수 있는 땅과 마을을 말한답니다. 고종은 또한 리롱뜨엉의 높은 지위를 생각해서 그에게 화산군(花山君)이라는 작위를 내려 주었어요. 이제 베트남 리 왕조의 황족 리롱뜨엉은 고려의 화산군 이용상이 된 겁니다. 이용상과 그의 후손은 그 뒤로 쭉 우리나라에 살았고 이용상은 화산 이씨의 시조가 되었답니다.

이용상이 터를 잡고 산 화산
이용상이 고려 시대 고종에게 식읍을 하사 받은 화산 지역. 지금의 황해도 옹진 해안 지역이다.

　화산 이씨의 족보에는 이런 이야기가 적혀 있어요. 어느 날 고려 고종이 내전에서 잠이 들어 꿈을 꾸었답니다. 꿈속에 큰 새 한 마리가 남쪽에서 날아와 바닷가에 날개를 치며 앉았다는 거예요. 꿈에서 깬 고종은 사람을 시켜 그 새를 찾아보라고 했는데, 알고 보니 안남국 왕자 이용상이 옹진에 와 있었다고 해요.

　우리나라에서는 이처럼 이용상에 관한 아름다운 이야기가 전해 내려오고 있었는데 베트남에서는 끔찍한 전설이 내려오고 있었어요. 조선에 표류한 베트남 황족 일행을 조선 사람들이 약탈하고 죽였다는 거죠. 이용상이 우리나라에 온 것은 조선 시대가 아닌 고려 시대의 일이지만 베트남에는 그렇게 알려진 모양이에요. 17세기 들어 제주도 어민들이 태풍에 떠밀려서 베트남까지 떠내려간 적이 있었어요. 그때 베트남 관리가 저 끔찍한 전설 이야기를 하면서 원수를 갚겠다고 했다는군요. 그 말을 들은 제주도 어민들이 얼마나 떨었겠어요? 다행히 베트남 정부가 호의를 베풀어 어민들은 아무 탈 없이 조선으로 돌아올 수 있었다고 합니다.

베트남에 전해진 끔찍한 이야기는 어쩌면 쩐 왕조가 만들어 낸 것일 수도 있어요. 쩐 왕조는 살아남은 리 왕조의 황족들이 언제 복수를 해 올지 모른다고 생각했어요. 이용상이 고려에 망명했다는 소식을 쩐 왕조가 알았다면 베트남에 남아 있는 리 왕조 세력과 이용상이 서로 연결되는 것을 어떻게든 막으려고 했을 거예요. 그래서 이용상이 이미 죽었다는 이야기를 만들어 퍼뜨렸을지도 모른다는 거죠.

이용상이 몽골군의 침략을 물리치다

이용상이 화산에 터를 잡고 산 지도 어언 30년이 다 되어 가던 1253년, 고을 수령이 이용상의 집으로 달려왔어요. 몽골군이 쳐들어왔다는 거였지요. 수령과 이용상은 흉포하고 잔인하기로 소문난 몽골군을 어떻게 하면 물리칠 수 있을지 머리를 맞대고 의논했어요.

한참을 생각한 끝에 이용상은 위효관이라는 사람과 함께 부대를 나누어 성을 지키기로 했어요. 삼면에 흙으로 성벽을 쌓고 전면에는 말뚝을 이어 박아서 울타리를 높이 세웠어요. 그리고 굴을 파서 땔감을 비축해 두었죠. 끈질긴 몽골군의 공격을 막아 내려면 오랫동안 버틸 준비를 해야 했거든요. 몽골군은 대포를 쏘아 성벽을 무너뜨리려 했지만, 이용상이 지휘하는 고려 군사들은 대포를 맞서 쏘았고 한편으로 성벽을 끊임없이 보수했어요. 적병이 성벽을 기어오르면 돌로 내리치고 뜨거운 물을 부어 격퇴했죠. 몽골군은 정말 끈질기게 다섯 달이나 공격을 계속했지만 고려 군사들은 포기하지 않고 맞서 싸웠어요.

몽골 장수들은 혀를 내두르며 다른 꾀를 냈어요. 다섯 상자에 황금을 가득 담아 선물을 보내면서 화친을 하자고 제안한 거죠. 이용상은 몽골군이 순순히 화친을 요구할 리가 없다고 생각했어요. 그래서 상자를 열지 말고 구멍을 뚫어 안을 들여다보라고 했답니다. 구멍을 뚫어 보니 상자 안에는 자객이 숨어 있었어요. 이용상은 구멍에 펄펄 끓는 물을 부으라고 명령했죠. 상자

충효당
리 왕조를 세운 이공온(리꽁우언)의 20세손이자 이용상의 13세손인 이장발(1574~1592)의 충효 정신을 기리기 위해 경북 봉화군에 세워졌다.

속의 자객들이 죽자 상자를 금종이로 바르고 적진에 도로 던져 주었습니다. 몽골 장수들은 상자를 열어 보고 자객들이 모두 죽어 있는 것을 확인하자 소스라치게 놀랐어요. 몽골군은 더 이상 싸울 의지를 잃고 군사를 물렸죠. 그러나 몽골군이 후퇴하는 길에는 이용상의 지시로 고려군이 매복해 있었답니다. 매복한 병사들에게 기습을 당한 몽골군은 혼비백산해서 흩어지고 수백 명이 포로로 잡혔어요.

이용상의 승전보를 보고 받은 고종은 매우 기뻐했어요. 이용상이 적군을 물리친 화산성의 문에는 '수항문(受降門)'이라는 글씨를 써 붙이도록 했죠. 수항문은 적의 항복을 받은 문이라는 뜻이에요. 고종은 또 공을 세운 이용상의 벼슬을 높여 주고 더 많은 땅과 식읍을 하사했어요. 베트남에 묻힌 조상들의 제사를 지내라고 제수를 보내 주기도 했답니다. 이용상은 고종의 은혜에 감사하며 화산성에 망국단(望國壇)이라는 제단을 만들고 그곳에서 고국을 그리워하다가 생을 마쳤어요. 이용상의 후손들은 그를 시조로 삼아 본관을 화산으로 정했답니다.

이용상의 후손이 베트남을 방문하다

1967년 화산 이씨의 25대 후손 이훈이 서울에 있는 남베트남 대사관을 찾았어요. 그때는 베트남이 남북으로 분단되어 있었는데 우리나라와 가까운 건 남베트남이었답니다. 이훈은 자신이 리 왕조의 황족이던 이용상의 후손이라고 밝혔죠. 그 뒤 이훈은 남베트남을 오가며 자신의 뿌리를 찾는 활동을 계속했어요. 이 같은 이훈의 뿌리 찾기는 〈741년 만의 귀향〉이라는 제목으로 우리나라와 남베트남의 언론에 자세히 소개되었답니다. 1226년 리 왕조가 멸망한 지 741년 만에 리 왕조의 후손이 베트남을 찾았다는 뜻이었죠. 그러나 남베트남은 1975년 패망하고 말았어요. 통일된 베트남은 사회주의 국가였기 때문에 우리나라 사람이 베트남에 들어가기는 무척 어려워졌죠. 그렇게 베트남에 갈 길이 끊기자 이훈은 화병으로 드러누웠다가 세상을 떠났답니다.

화산 이씨의 뿌리 찾기는 1990년 한국과 베트남이 외교 관계를 수립한 뒤 다시 시작됐어요. 이훈의 조카인 이창근이 베트남 대사관을 방문한 거죠. 그때 베트남 대사는 직접 대사관 문 밖까지 나와 이창근을 맞이했어요. 그렇게 베트남으로 갈 길이 다시 열리자 이창근과 이씨 종친회 대표들은 5년 뒤 조상의

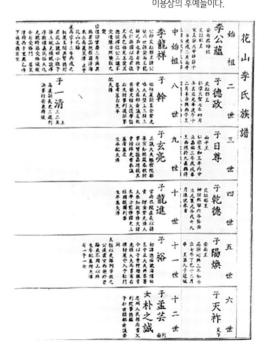

화산 이씨 족보
이용상(베트남 이름 리롱뜨엉)이 중시조로 표기되어 있다. 현재 화산 이씨들이 바로 베트남 리 왕조의 왕자 이용상의 후예들이다.

리 왕조 종묘
하노이 북부 박닌성 딘방에
있다.

고향인 베트남을 방문하게 되었죠. 당시 도무어이 베트남 공
산당 서기장을 비롯한 베트남의 3부 요인이 모두 나와 그들
을 깍듯이 왕손으로 대우했다고 해요.

이창근은 하노이 북부에 있는 리 왕조의 종묘를 찾았어요.
종묘는 황실의 사당을 말하죠. 화산 이씨의 조상들인 리 왕
조의 역대 황제와 황후들의 위패를 모신 곳이랍니다. 그 종
묘는 1019년에 처음 세워졌지만 1952년 베트남과 전쟁을
벌이던 프랑스군이 모조리 불태워 버렸어요. 그렇게 버려진
종묘가 다시 세워진 것은 1989년의 일이었죠. 이창근은 그
곳에서 조상들에게 제사를 지냈답니다.

그때 신기한 일이 일어났어요. 1952년 프랑스군이 종묘를 불태울 때 없어졌던 신성한 향로가 종묘의 땅속에 묻혀 있던 우물에서 발견된 거예요. 마을 사람들은 옛날부터 내려오던 전설이 이루어졌다면서 감격했어요. 그 마을 사람들은 "나무숲이 사라지고 따오케 강물이 마르면 리 왕조가 다시 돌아온다."라는 전설을 믿고 있었거든. 이창근이 종묘에서 제사를 지낼 때 마을의 나무숲은 이미 사라진 뒤였고 따오케 강이 흐르던 곳은 농토로 바뀌어 있었죠. 리 왕조의 후손이 머나먼 한국에서 돌아왔다고 해서 리 왕조가 부활한 것은 물론 아니죠. 하지만 1,000년 가까운 세월 동안 다른 나라에서 살아온 후손들이 자기 뿌리를 잊지 않고 돌아온 것은 그곳 사람들에게 기적과 같은 일이었을 거예요.

　리 왕조의 후손들이 베트남에 돌아온 것은 따오케 강 부근에 사는 사람들뿐 아니라 나라 전체에 감격스러운 일이었어요. 베트남에게 리 왕조는 특별한 의미를 지녔어요. 강대한 외세와 맞서 피를 흘려 온 베트남 사람들이었기에 외세를 몰아내고 독립국을 건설한 리 왕조를 높이 평가할 수밖에 없었죠. 그래서 이용상이 고려로 떠난 뒤로는 리 왕조의 후손이 남아 있지 않았지만 리 왕조에 대한 제사는 계속 지내 왔답니다. 후손이 없기 때문에 하노이 시장이 대신해서 제사를 주관해 왔죠. 그러던 참에 리 왕조의 혈통이 800년 세월을 넘어 3,600여 킬로미터나 떨어진 한

덴도 축제

리 왕조는 베트남 최초의 통일 국가였다. 리 왕조를 창건한 태조의 고향 뜨선의 한 사찰에서 열린 덴도 축제.
매년 음력 3월 15일에 리 왕조 창건 기념 축제로 열린다.

국에 남아 있었다는 사실을 확인했으니 얼마나 감격스러 웠겠어요? 베트남 언론들은 당연히 화산 이씨의 방문을 대서특필했죠. 2002년에는 이용상의 일대기를 주제로 한국-베트남 합작 오페라가 하노이 오페라 극장에서 상연되기도 했어요.

지금 이창근은 베트남에 귀화해 조상의 제사를 모시며 살고 있어요. 베트남 정부는 이창근뿐 아니라 화산 이씨 후손들을 모두 베트남인으로 인정해 주었답니다. 화산 이씨가 베트남에서 살기를 원하면 여느 외국인과 달리 아무런 제한 없이 건물과 땅을 구입할 수 있게 해 주고 있죠. 또 베트남 정부는 해마다 리 왕조가 창건된 음력 3월 15일이면 종친회장을 비롯한 화산 이씨 종친회 간부들을 초청해 기념식을 갖고 있어요. 베트남의 고위 인사들이 한국을 방문할 때면 어김없이 화산 이씨를 찾는답니다.

망한 나라를 떠나 이역만리 낯선 나라에서 정 붙이고 살면서 그 나라가 또 망할 위기에 놓이자 결연히 침략자와 싸운 이용상, 아니 리롱뜨엉. 그는 비슷한 역사를 가지고 있는 한국과 베트남이 미래를 향해 나아갈 때 두 나라를 이어 주는 멋진 상징임에 틀림없습니다.

에르덴 조 사원 주위에 있는 불탑, 스투파

몽골은 한때 세계에서 가장 넓은 영토를 가진 정복 국가였어요. 칭기즈 칸이라는 무시무시한 군주와 그 아들들이 유라시아 대륙을 대부분 정복했으니까요. 그때 우리나라는 고려 시대였는데, 몽골로부터 100년 동안 심한 간섭을 받아야 했죠. 그런 시절에 몽골 제국의 황후가 된 고려 여인이 있었어요. 그 여인의 이야기 속으로 들어가 볼까요?

07 몽골에서
기황후를 만나다

수도 울란바토르
면적 156만 4,116km²
언어 몽골어
국기

기황후(추정)

몽골은 중국 북쪽의 고원 지대에 있는 나라예요. 땅은 우리나라의 7배나 될 정도로 넓은데 인구는 부산보다도 적은 300만 명 남짓 되는 나라죠. 경제 수준도 떨어져서 한 사람이 1년 동안 벌어들이는 소득이 2019년 기준으로 우리나라의 8분의 1 정도라고 해요.

하지만 우리나라에서 몽골을 무시하는 사람은 거의 없을 겁니다. 우리나라보다 더 잘사는 다른 나라 사람들도 마찬가지일 거예요. 몽골은 한때 세계에서 가장 넓은 영토를 가진 정복 국가였거든요. 칭기즈 칸이라는 무시무시한 군주와 그 아들들이 유라시아 대륙을 대부분 정복했으니까요.

그때 우리나라는 고려 시대였어요. 고려는 몽골에 정복당하지는 않았지만 100년 동안 심한 간섭을 받아야 했죠. 그런 시절에 몽골 제국의 황후가 되어 황제를 낳고 제국을 뒤흔든 고려 여인이 있었어요. 몽골은 세계를 호령하는 제국이고 고려는 그 나라의 간섭을 받는 작은 나라였는데 어떻게 그런 일이 있었을까요? 한국인과 몽골인을 역사적으로 이어 주는 그 여인의 이야기 속으로 들어가 볼까요?

고려와 몽골이 전쟁을 벌이다

여러분은 몽골 하면 무엇이 가장 먼저 떠오르나요? 초원, 고비 사막, 천막집, 말……. 그래요. 이것들 모두 다 몽골을 상징하지요. 하지만 역사를 좋아하는 친구들은 너나없이 칭기즈 칸을 먼저 떠올릴 겁니다. 몽골을 잘 모르는 친구들도 칭기즈 칸을 모르지는 않지요. 몽골 초원에서 일어나 중앙아시아를 휩쓸고 중국과 이슬람 세계, 나아가 유럽까지 손에 넣은 엄청난 정복자입니다. 역사상 칭기즈 칸만큼 넓은 영토를 차지한 사람은 없었어요.

오늘날 한국과 몽골은 사이가 매우 좋습니다. 한국으로 유학 오는 몽골의 젊은이들도 많고 몽골에서 사업을 하는 한국인도 많지요. 하지만 칭기즈 칸과 그 후손들이 세계를 휩쓸던 시절 몽골은 결코 우리에게 친근한 나라가 아니었습니다. 당시 우리나라는 고려 시대였죠. 유라시아 대륙의 거의 모든 나라를 정복하던 몽골이 고려만 내버려 두었을 리가 없겠죠? 칭기즈 칸 때는 몽골에 밀려 고려로 들어온 거란족을 공

칭기즈 칸 동상
2006년 몽골 건국 800주년을 기념해 몽골 수도 울란바토르 인근에 세운 칭기즈 칸 동상. 40미터 높이로 기마상으로는 세계에서 가장 크다고 한다.

격한다고 군대를 보내더니, 그 아들인 오고타이 때는 고려를 집어삼키겠다고 침략군을 보냈어요. 그 바람에 고려는 몽골과 30년 가까이 힘겨운 전쟁을 벌여야 했답니다.

칭기즈 칸의 손자
쿠빌라이(1215~1294)

　고려는 비록 작은 나라였지만 있는 힘을 다해 세계 제국인 몽골군에 저항했어요. 몽골은 고려를 완전히 정복하는 건 어렵다고 생각해서 화친을 맺자는 제안을 해 왔지요. 고려도 몽골과 싸우느라 지쳐가던 참이었기 때문에 그 제안을 받아들였습니다. 그래서 훗날 고려의 제24대 국왕이 되는 태자(원종)가 중국으로 가서 칭기즈 칸의 손자인 쿠빌라이와 화친을 맺죠. 몽골하고 화친을 맺으면서 왜 중국으로 가느냐고요? 그때는 중국의 절반 가까이가 몽골에 정복당한 뒤였어요. 게다가 쿠빌라이는 떠돌이 유목민의 나라였던 몽골을 중국과 같은 문명국가로 만들겠다고 생각하고 있었죠. 중국이나 이슬람 국가 같은 곳을 다스리려면 몽골 스스로도 문명을 존중하고 발전시켜야 한다고 믿었으니까요.

　원종과 쿠빌라이는 고려와 몽골이 전쟁을 끝내고 친하게 지낸다는 데 합의했어요. 단 조건이 있었지요. 몽골이 고려보다 훨씬 더 크고 힘센 나라니까 고려의 국왕이 몽골 황제의 신하가 된다는 조건이었죠. 하지만 몽골이 정복한 다른 나라들과 달리 고려는 독립을 유지하고 전통적인 생활 풍습도 바꾸지 않기로 했어요. 몽골의 지배를 받게 된 다른 나라들은 몽골 사람들처럼 변발을 하고 몽골 사람들이 입는 옷을 입어야 했거든요. 변발이 무엇인지 아시죠? 머리를 대부분 빡빡 깎고 정수리 뒷부분에 머리카락 일부를 남겨 뒤로 길게 땋아 넘기는 헤어스타일이었어요. 예로부터 우리 조상들은 머리카락은 부모님에게 물려받은 것이라서 상투를 틀어 소중히 보존했어요. 그러니 몽골 사람들처럼 변발을 한다는 건 상상도 할 수 없는 일이었죠.

고려가 원나라의 간섭을 받다

고려는 몽골과 전쟁을 벌이는 동안 수도를 지금의 개성인 개경에서 강화도로 옮겨 놓고 있었어요. 몽골군은 초원에서 말 달리며 전쟁하는 데는 익숙하지만 배를 타고 바다에서 싸우는 데는 서투르다고 생각했기 때문이죠. 그런데 원종이 쿠빌라이와 화친을 맺고 돌아온 다음에도 고려는 한동안 강화도에 머물며 개경으로 돌아가지 않았어요. 그때 고려의 실제 권력은 군인인 무신들이 쥐고 있었는데 이 무신들이 몽골과 맞서 싸우는 데 앞장섰거든요. 그들은 개경으로 돌아가면 몽골 사람들에게 보복을 당하고 세력을 잃게 될 것을 걱정했던 거죠. 왕위에 오른 원종은 무신들과 10년 넘게 갈등을 벌이다가 몽골의 도움을 받아 그들을 제압하고 개경으로 돌아갔어요.

그렇게 해서 고려가 100년 가까이 몽골의 간섭을 받는 '원 간섭기'가 시작됩니다. 몽골의 간섭을 받았는데 왜 '몽골 간섭기'가 아니고 '원 간섭기'냐고요? 고려 정부가 개경으로 돌아간 것이 1270년인데 그 다음 해에 쿠빌라이가 중국에 원(元)이라는 나라를 세우거든요. 원은 그 이전에 있던 한(漢), 당(唐) 같은 중국 왕조를 흉내 내서 세운 중국식 왕조랍니다. 중국식 문명국가를 만들고 싶어 하던 쿠빌라이니까 어쩌면 당연한 일이죠. 그렇다고 해서 유라시아 대륙 대부분을 지배하던 몽골 전체가 원나라가 된 건 아니에요. 몽골 제국 안에는 원나라를 비롯해 여러 나라가 있었어요. 그 나라들은 몽골의 전통적 지배자인 '칸'이 다스린다고 해서 칸국이라고 불렀죠. 쿠빌라이는 그런 칸들 가운데 가장 높은 대칸이었고 그가 직접 다스리는 원나라는 여러 칸국을 거느린 몽골의 중심 국가가 되었어요. 그러니까 몽골 제국은 원나라를 중심으로 여러 칸국이 있는 연방 국가 같은 형태를 가졌던 거죠. 고려는 이처럼 제국의 중심 국가였던 원나라와 국경을 맞대고 원나라의 간섭을 받았어요. 그래서 이 시기를 '원 간섭기'라고 하는 거죠.

원 간섭기에 고려는 독립을 지키기는 했지만 원나라의 횡

고려 강화산성 동문(오른쪽)
강화산성은 1232년에 축성되어 39년간 몽골의 침략에 대항한 강화의 도성이다. 당시에 내성·중성·외성으로 쌓았으나 현재는 돌로 쌓은 내성만 남았다.

고려 강화산성 서문의 성벽(아래)

포 때문에 독립 국가 노릇을 제대로 할 수 없었어요. 고려의 세자는 원나라 황실에 가서 원나라 말과 예법을 배우고 돌아와 왕위에 올라야 했지요. 원나라는 일본을 정복하겠다고 원정군을 보낼 때 고려의 배와 군사를 징발해 갔어요. 무려 20만 명에 이르는 고려 백성을 잡아다가 노예로 부려 먹기도 했지요. 고려 사람들은 원나라로 끌려간 부모 형제를 되찾아 오기 위해 많은 돈을 내기까지 해야 했답니다. 그뿐 아니라 원나라는 고려의 처녀들을 데려가 황족과 귀족들의 첩이나 시녀로 삼기도 했어요. 이렇게 원나라로 끌려간 고려 처녀들을 '공녀(貢女)'라고 불렀답니다. 이제부터 우리가 만나게 될 고려 여인이 바로 그런 공녀들 중의 한 명이었지요.

고려 여인이 원나라의 제2 황후가 되다

원나라에 갈 공녀로 뽑힌 고려 처녀들이 개경을 출발했어요. 원나라가 고려에 공녀를 보내라고 요구하면 고려는 전국에 혼인 금지령을 내리고 적합한 처녀들을 뽑았지요. 그중에는 기(奇)씨 성을 가진 처녀도 끼어 있었어요. 산 설고 물 설은 이역 땅에 가서 몽골 사람들의 첩이나 시녀로 살아야 한다고 생각하면 정말 끔찍했지요. 그래서 공녀로 뽑히면 우물에 빠져 죽거나 목을 매는 여인도 있었답니다.

하지만 기씨 처녀는 오히려 걱정하는 친정 부모를 위로하기까지 했지요. 어차피 되돌릴 수 없는 일, 제국의 수도에 가서 살길을 찾아보자고 마음먹은 거예요. 그녀는 다른 고려 사람들처럼 독실한 불교 신자였어요. 그래서 원나라까지 가는 동안, 그리고 원나라 수도인 대도(大都, 지금의 베이징)에 도착한 뒤로도 늘 부처님께 기도하며 마음을 다잡았답니다.

당시 대도에는 고려 사람들이 많이 살고 있었어요. 고려와 원나라가 전쟁을 벌일 때 포로로 잡혀 온 사람들의 후손도 많았고, 원나라로 들어와 상인이나 관리를 하는 고려 사람도 적지 않았죠. 그런 고려 사람들 중에 고용보라는 내관이 있었습니다. 내관은 황궁에서 황제를 모시는 관리였어요. 기씨 처녀가 고용보를 만난 것은 인생의 커다란 전환점이 되었답니다. 고용보는 기씨 처녀를 예쁘게 보고 그녀를 황궁의 궁녀로 추천했거든요. 황제를 모시는 여인이 된 거죠.

기씨 처녀가 모신 황제는 제11대 혜종(惠宗)이었어요. 그 무렵 원나라 정치는 무척 어지러워서 1320년부터 혜종이 황제로 즉위하던 1333년까지 13년 동안 황제가 무려 일곱 번이나 바뀌었답니다. 혜종도 어릴 때 정치적인 사건에 휘말려 유배를 간 적이 있었어요. 그때 어린 혜종이 간 곳은 인천 서쪽에 있는 대청도라는 섬이었지요. 감수성이 예민하던 시절 고려

원혜종
원의 마지막 황제.
혜종은 묘호이고 명에서
순제란 시호를 내렸다.

에 가 있었기 때문일까요? 혜종은 고려에서 온 기씨 처녀에게 호감을 느꼈어요. 결국 기씨 처녀는 혜종의 승은을 입고 가까이에서 모시는 후궁이 되었지요.

혜종은 기씨를 사랑했지만 그에게는 이미 황후가 있었어요. 다나슈리라는 여인으로 당시에는 황제인 혜종보다 더 힘이 셌던 엘 테무르 장군의 딸이었죠. 다나슈리는 남편의 총애를 받는 기씨 처녀를 가만 놓아두지 않았어요. 핑곗거리를 찾아 기씨를 채찍으로 매질하는가 하면 인두로 몸을 지질 정도로 심하게 질투를 했답니다.

기씨를 살린 것은 원나라 황실을 또 한 번 피로 물들인 역모 사건이었어요. 황후의 아버지 엘 테무르 장군이 죽자 혜종은 승상(지금의 총리) 메르키트 바얀과 손을 잡고 황후의 오빠인 텡기스에게 반역 혐의를 씌워 없애 버렸어요. 그리고 다나슈리를 황후 자리에서 끌어내리고 유배를 보냈답니다. 하지만 그것이 끝은 아니었어요. 황후는 유배 가는 길에 누군가가 독을 넣은 음식을 먹고 짧은 삶을 마감하고 말았죠. 승상 메르키트 바얀이 후환을 없애기 위해 지시한 일이라고 해요.

황후가 사라지자 혜종의 총애를 받던 기씨에게는 새로운 세상이 온 것 같았어요. 더군다나 기씨는 혜종의 아들까지 낳았어요. 고려인과 몽골인의 피가 반씩 섞인 그 아이의 이름은 아이유시리다라였답니다. 혜종은 당연히 기씨를 새로운 황후로 책봉하려고 했어요. 그러자 전 황후를 독살한 승상 메르키트 바얀이 반대를 하고 나섰어요. 원나라 역사상 외국인이 황후 자리에 오른 적은 없었다는 거였죠. 혜종은 하는 수 없이 바얀 후투그라는 몽골 여인을 두 번째 황후로 맞아들인답니다.

기씨는 자신과 아들을 지키기 위해 실권자였던 메르키트 바얀과 싸워야 했어요. 기씨는 혜종을 찾아가 바얀과 그의 심복들이 자신을 괴롭힌다고 눈물로 하소연했어요. 혜종은 기씨를 사랑하기도 했지만 바얀을 제거하지 않으면 자신도 예전 황제들처럼 쫓겨날지 모른다고 생각했어요. 그래서 계책을 꾸며 바얀을 쫓아내고 말았죠. 그리고 기씨를 제2 황후로 책봉하기에 이른답니다.

기씨가 고려 출신이라는 약점을 이겨내고 황후 자리에까지 오를 수 있었던 것은 철저하게 원나라 황실 문화에 적응하려고 노력한 덕분이라고 해요. 원나라 역사를 기록한 『원사』라는 책에는 이런 이야기가 실려 있어요. 기황후는 맛있는 음식이 생기면 먼저 칭기즈 칸을 모신 태묘(太廟)에 바친 다음에야 자신이 먹었다고 해요. 이처럼 몽골인의 문화를 따르려고 노력했기 때문에 몽골 사람들이 중심을 이루는 원나라 황실에서 살아남을 수 있었다는 거예요.

오빠 기철이 공민왕에게 죽임을 당하다

고려에 있는 기황후의 가족들도 순식간에 최고의 영예를 누리게 되었어요. 이미 세상을 떠난 아버지와 할아버지, 종조부에게는 왕이라는 작위가 내려졌죠. 중국에서는 최고 지도자가 황제였기 때문에 왕은 그 아래 으뜸가는 제후의 칭호였어요. 고려의 최고 지도자 역시 왕이었죠. 그러니까 기황후의 아버지는 이제 고려의 역대 국왕과 맞먹는 존재가 된 거예요. 혜종은 고려에 한림학사를 보내 장인인 기황후 아버지의 묘비를 지어 주도록 했죠. 또 기황후의 오빠인 기철은 덕성부원군에 봉해져 고려의 실력자로 떠오릅니다.

기황후는 다나슈리 같은 꼴을 당하지 않기 위해 고려 출신들을 중심으로 자신과 아들을 보호해 줄 세력을 꾸렸어요. 황후에게 딸린 휘정원이라는 부속기관을 자정원으로 바꾸고 자신을 황실에 추천해 준 고용보를 비롯한 고려 사람들을 불러들였죠. 고려 유민이나 고려에서 온 유학생들이 자정원에 모여 황후의 친위대 노릇을 했답니다.

기황후가 지위를 지키는 가장 확실한 방법은 아들인 아이유시리다라를 황태자로 만드는 거였어요. 마침 자정원에는 혜종에게 신임을 받고 있던 고려 출신 환관 박불화도 있었죠. 군사 통솔의 최고 책임자인 추밀원 동지추밀원사 자리에까지 오른 실력자였답니다. 박불화의 채근을 받은 혜종은 곧 아이유시리다라를 황태자로 책봉했어요.

이처럼 기황후가 원나라에서 자신의 지위를 단단히 다지고 있을 때 고국에서 비극적인 소식이 왔어요. 기황후의 위세를 등에 업고 고려에서 왕을 능가하는 권세를 누리던 오빠 기철이 반역자로 몰려 처형당했다는 소식이었죠. 당시 고려의 왕은 공민왕이었어요. 공민왕도 여느 왕들처럼 왕자 시절 대도에서 지내다가 돌아와 즉위했죠. 공민왕은 대도에서 원나라가 혼란에 빠져 쇠약해지는 모습을 똑똑히 목격했어요. 그래서 왕위에 오른 공민왕은 고려를 원나라에게 간섭받기 전 당당했던 자주 국가로 되돌려 놓겠다고 결심했죠.

공민왕은 먼저 고려 사람들이 몽골 사람처럼 변발을 하거나 몽골 옷을 입는 것을 금지했어요. 원종이 쿠빌라이와 화친 조약을 체결할 때 고려의 풍습은 바꾸지 않는다고 약속했던 사실을 기억하죠? 하지만 원나라의 위세에 기대어 출세를 해 보려는 사람들은 자발적으로 변발을 하고 몽골 복장을 했었답니다. 공민왕은 이를 금지했을 뿐 아니라 그동안 사용하던 원나라 연호(年號)도 더 이상 쓰지 않기로 했어요. 그리고 원나라 식으로 쓰던 관직 이름도 옛날 고려 때 이름으로 되돌렸죠. 그뿐 아니라 원나라가 고려의 내정에 간섭하는 데 이용했던 정동행성이라는 기관도 없애 버렸답니다.

공민왕이 이렇게 원나라에 등을 돌리는 정책을 실시하자 기황후의 위세를 업고 세도를 부리던 기철 일당은 위기의식을 느꼈어요. 그래서 기회를 보아 공민왕을 없애 버리려는 계획을 세웠죠. 하지만 공민왕이 먼저 기철 일당의 음모를 알아채고 선수를 쳤답니다. 기철을 비롯한 귀족들을 불러들여 잔치를 베풀다가 일거에 무사들을 풀어 기철 일당을 해치웠던 거죠. 공민왕은 기

공민왕릉
북한 개성시에 있으며 2013년 유네스코 세계문화유산으로 지정되었다.

철만 죽인 게 아니라 기철의 집안을 멸족시켜 버렸어요.

기황후는 이 소식을 듣고 분노로 온몸을 떨었어요. 남편인 혜종에게 공민왕에 대한 복수를 요구했죠. 혜종도 원나라에 대해 등을 돌리는 공민왕을 괘씸하게 보고 있었던 참이었어요. 결국 혜종은 공민왕을 폐하고 충선왕의 셋째 아들 덕흥군을 왕으로 책봉한다고 발표했답니다. 그러나 이미 원나라와 갈라서기로 결심한 고려가 그런 방침을 따를 리가 없죠. 공민왕이 버티자 기황후는 덕흥군에게 원나라 군사 1만 명을 주어 공민왕을 정벌하라고 명령했어요. 기황후와 공민왕 사이에 전쟁이 벌어진 거죠. 덕흥군이 이끄는 원나라 군대는 평안도까지 내려가 고려를 위협했어요. 하지만 공민왕이 이끄는 고려는 더 이상 원나라에 고분고분한 나라가 아니었답니다. 게다가 고려에는 최영과 이성계라는 불세출의 명장이

있었어요. 그들은 군사를 이끌고 나가 원나라 군대와 맞서 대승을 거두었죠. 기황후는 오빠의 복수에도 실패하고 고국인 고려와도 원수지간이 되고 말았답니다.

기황후, 원나라와 운명을 함께하다

고려와 인연이 끊어진 기황후는 원나라에서 더욱 승승장구했어요. 1365년 9월 제1 황후인 바얀 후투그가 죽자 기황후는 제1 황후 자리에 올랐답니다. 말이 필요 없는 정식 황후가 된 거예요. 원나라 역사에서 이민족 출신이 정비(正妃)가 된 것은 기황후가 처음이었죠.

혜종은 처음에는 기황후를 제1 황후로 책봉하기를 꺼렸다고 해요. 젊을 때는 그토록 사랑했지만 시간이 흐르면서 권력에 집착하는 기황후의 모습에 정이 떨어졌던 거죠. 하지만 기황후는 거침없이 혜종을 압박했어요. 죽은 바얀 후투그가 관리하던 중정원이라는 기관마저 자신의 자정원으로 흡수해서 숭정원이라는 기관으로 확대했죠. 이처럼 세력이 커진 기황후의 요청을 황제인 혜종도 물리칠 수 없었답니다. 그해 12월 드디어 혜종은 기황후를 제1 황후로 책봉하면서 다음과 같은 칙령을 내렸어요.

"하늘 아래 사람의 도리로 부부만 한 것이 없다. 황후는 천하의 어머니로 나라를 다스리는 황제를 내조하는 것 또한 고

금의 도리다. 그대 솔롱고 씨는 천하의 어머니로 공경스럽고
도 근검절약하는 행동으로 천하를 이끌고 황가를 빛냈다. 이
제 옥채 옥보를 내려 황후로 삼으니 더욱 힘써 짐을 보좌해
영원한 복이 되도록 하라.”

'솔롱고'는 몽골어로 무지개라는 뜻인데 고려를 가리키는
말이었어요. 무지개가 뜨는 아름다운 나라라는 뜻이죠. 기황
후가 고려 출신이기 때문에 그와 같은 성씨를 받게 되었죠.
그동안 고려 출신의 여성이 원나라에서 황제의 비가 된 사례
는 기황후만 있는 게 아니었어요. 쿠빌라이의 총애를 받은
이씨도 있고, 인종의 후비였던 다마시리 카톤과 바얀 쿠투도
고려 출신이었다고 해요. 하지만 만백성의 어머니인 황후 자
리에 오른 이는 고려 출신뿐 아니라 이민족 가운데는 기황후
밖에 없었어요.

기황후는 자신의 뿌리가 고려이고 자신과 황태자를 지켜
주는 세력도 고려 출신들이라는 것을 잊지 않았어요. 그래서
며느리도 고려 출신인 권씨를 골라 황태자비로 삼았죠. 독실
한 불교 신자였던 기황후는 금강산에 있는 장안사에도 거액
의 돈을 보내 절을 크게 일으키고 수많은 불상을 봉안했답니
다. 또한 백성들의 마음을 얻기 위한 노력도 아끼지 않았어
요. 대도에 큰 가뭄이 들어 10만 명이 넘는 백성들이 굶어 죽
은 적이 있었어요. 그때 기황후는 금품을 하사해 그 모든 사
람들의 장례를 지내도록 하고, 관리들에게 명령을 내려 굶주

리고 있는 사람들에게 죽을 쑤어 주도록 했답니다.

하지만 기황후의 노력에도 불구하고 시대는 기황후의 편이 아니었어요. 원나라의 정치가 불안해지면서 여기저기에서 반란이 일어나더니 1368년에는 주원장이 이끄는 25만 명의 대군이 대도를 점령하기에 이르렀답니다. 원나라 황실은 어쩔 수 없이 대도를 떠나 지금의 네이멍구 자치구에 있는 응창부라는 곳으로 옮길 수밖에 없었어요. 이때부터 중국 땅의 대부분은 주원장이 세운 명나라의 지배 아래 들어갔죠. 그 이후의 원나라는 북쪽의 원나라로 작아졌다는 뜻에서 북원(北元)으로 불린답니다.

명나라는 응창부도 계속해서 공격했어요. 그 기세를 견디지 못한 원나라는 자신들의 고향인 몽골 초원의 카라코룸으로 이동할 수밖에 없었죠. 기황후는 그때 쳐들어온 명나라 군대에 붙잡히는 신세가 되었답니다. 그 뒤 기황후가 어떻게 되었는지 정확히 알려 주는 기록은 남아 있지 않아요. 아마도 포로 생활을 하다가 이듬해 세상을 떠나지 않았을까 추측될 뿐이랍니다. 공녀로 시작해 만백성의 어머니 자리에까지 오른 여인의 최후로는 너무 가엾지 않나요?

카라코룸으로 쫓겨간 혜종은 1370년 세상을 떠나 기황후의 곁으로 갑니다. 그리하여 기황후의 아들인 아이유시리다라가 황제 자리에 오르죠. 고려 출신이 원나라의 황제가 된 겁니다. 하지만 나중에 소종으로 불리게 되는 아이유시리다

라는 천하를 제패한 몽골 제국의 중심 국가 원나라의 황제가 아니었어요. 몽골 초원으로 쪼그라든 북원의 황제였을 뿐이죠. 소종과 권황후 사이에는 딸만 한 명 있었다고 해요. 여자가 황제를 계승할 수는 없었으니까 기황후의 후손이 황제의 영광을 누린 것은 소종 한 명에서 그치고 만 거죠.

기황후는 지금의 몽골 지역에는 한 번도 가 보지 못한 채 이승과 하직했어요. 하지만 한국인으로 태어나 몽골인이 세운 세계 제국의 황후 자리에까지 오른 기황후의 자취는 한국과 몽골의 역사에 깊이 아로새겨져 있죠. 고려와 원나라 모두에서 버림받고 잊힌 비운의 여인이지만, 한국과 몽골의 사이가 좋은 오늘날에는 그녀가 두 나라를 오가며 겪은 비극의 역사를 잊어서는 안 될 것 같군요.

필리핀의 루손섬

필리핀은 우리나라에서 남쪽으로 쭉 내려간 바다 위에 여러 개의 섬으로 나뉘어 있어요. 그 섬들을 다 합치면 한반도보다 1.3배쯤 더 크고 인구도 1억 명이 넘죠. 옛날 우리 역사를 찾아보면 조선 시대에 필리핀까지 갔다 온 조상이 있어요. 전라도 앞바다에 있는 흑산도에 홍어를 사러 갔다가 풍랑을 만나 필리핀까지 가게 된 문 순득이라는 상인입니다. 200여 년 전의 바다로 나가 문순득과 모험을 함께 하기로 해요.

08 필리핀에서
조선 난민 문순득을 만나다

수도	마닐라
면적	30만 km²
언어	타갈로그어, 영어
국기	

문순득 동상

우 리나라는 세계에서 섬이 많기로 유명한 나라예요. 남 북한을 합치면 4,000개가 넘는 섬이 있어요. 무려 세계 4위의 섬 많은 나라랍니다. 재미있는 것은 섬이 많은 나라들은 아시아 대륙에 몰려 있다는 거예요. 1위가 인도네시아인데 1만 개가 훌쩍 넘죠. 그다음으로 섬이 많은 나라가 이제부터 살펴볼 필리핀이랍니다. 우리나라보다 2배 가까이 많은 7,000개의 섬으로 이루어져 있죠.

필리핀은 우리나라에서 남쪽으로 쭉 내려간 바다 위에 마치 한반도가 여러 개의 섬으로 나뉜 모양으로 모여 있어요. 그 섬들을 다 합치면 한반도보다 1.3배쯤 더 크고 인구도 1억 명이 넘죠. 나라의 인구가 많다는 것은 그 많은 인구가 먹고살 만한 경제력이 있다는 뜻이에요. 지금은 아니라도 한때는 그만큼 잘살았기 때문에 많은 인구를 부양할 수 있었겠죠?

못 믿는 독자들도 있겠지만 사실 필리핀이 우리나라보다 훨씬 더 잘살던 시절이 있었어요. 6·25 전쟁을 겪고 난 뒤 우리는 세계에서 가장 가난한 나라로 굴러떨어졌죠. 그때 우리나라 사람들의 희망이 미국은 몰라도 필리핀만큼은 살고 싶다는 거였답니다. 그때 필리핀 사람들이 우리를 많이 도와줬다고 해요.

지금은 우리의 경제 규모가 필리핀보다 훨씬 더 크지만 그렇다고 해서 필리핀을 무시해서는 안 돼요. 사람이든 나라든 경제력만 가지고 평가해서는 안 될 뿐 아니라 한때 우리보다 더 잘살았던 필리핀이니까 언제든지 따라잡을 수 있는 저력이 있거든요.

우리는 지금도 필리핀에 대해서 잘 모르는데 옛날에는 더 몰랐겠죠? 그래도 역사를 찾아보면 조선 시대에도 필리핀까지 갔다 온 조상이 있어요. 홍어로 유명한 전라도 앞바다에 있는 흑산도에서 홍어를 사다가 장사를 하던 문순득이라는 상인이 바로 그 조상이랍니다. 그분은 흑산도에서 홍어를 사고 집이 있는 우이도로 돌아가는 길에 풍랑을 만나 필리핀까지 가게 됐어요. 그분은 필리핀에 가서 무엇을 보고 무슨 일을 겪었을까요? 돌아올 수는 있었을까요? 이제부터 200여 년 전의 바다로 나가 모험을 함께 하기로 해요.

홍어 장수 문순득, 풍랑을 만나 오키나와로 가다

문순득의 고향은 전라남도 신안군 앞바다에 있는 우이도라는 섬이었어요. 섬 모양이 소의 귀 모양과 비슷하다고 붙여진 이름이죠. 1801년 봄, 25세 청년 문순득은 5명의 일행과 함께 흑산도로 홍어를 사러 갔어요. 일행 중에는 문순득의 작은아버지도 있었고 아직 어린 김문옥이라는 소년도 있었답니다. 그들은 그해 12월 흑산도에서 홍어를 사 가지고 돌아오는 길에 풍랑을 만났어요.

우이도
소의 귀 모양과 비슷하여
'우이(牛耳)'라는 이름이
붙었다.

　조선 시대에 풍랑을 만나 표류한 사람들은 대개 겨울에 바다로 나갔다가 변을 당하고는 했어요. 여름에는 태풍이 온다는 걸 미리 알고 운항을 자제했기 때문에 사고가 덜 일어났죠. 겨울에도 서북풍이 매섭기 때문에 사고를 당할 가능성이 컸지만, 그때 잡히는 홍어가 비싸게 팔렸기 때문에 위험을 무릅쓰고 바다로 나갔다고 해요. 문순득 일행도 흑산도에서 나는 질 좋은 홍어를 잔뜩 사다가 팔아서 돈 벌 생각으로 신나게 돛을 올렸겠죠. 그러나 하늘이 도와주지 않아 흑산도 인근에서 떠도는 신세가 되었답니다.

　문순득 일행은 풍랑과 사투를 벌인 끝에 배가 침몰하는 것은 막을 수 있었어요. 하지만 돛은 이미 부러지고 자신들이 어디에 있는지도 모르는 상태에서 바다를 떠돌 수밖에 없었죠. 그러다가 동남쪽으로 큰 섬이 나타나 배를 멈추고 닻을 내린 것은 해가 바뀐 1802년 1월 29일이었어요.

예닐곱 명의 섬사람들이 작은 배를 타고 문순득의 배로 다가왔어요. 그들은 사흘 동안 아무것도 먹지 못한 문순득 일행에게 물을 주고 죽도 주었답니다. 문순득은 죽다 살아난 기쁨을 맛볼 수 있었죠. 섬사람들과 손짓 발짓과 한자로 대화를 나눠 보니 그곳은 류큐(琉球)라는 섬나라였어요. 지금의 오키나와로 일본과 타이완 사이에 길게 누워 있는 섬들로 이루어져 있죠.

류큐는 한때 동아시아 일대에서 바다를 통한 무역을 중계하며 번영을 누리던 섬나라였어요. 조선은 워낙 농업을 중요하게 여겨서 무역에는 큰 관심을 두지 않았지만 중국과 일본, 그리고 동남아시아 나라들은 류큐를 거점으로 삼아 무역을 했죠. 그러다가 16세기 들어 에스파냐, 포르투갈 같은 서양 나라들이 동양에 진출하면서 류큐의 역할은 줄어들었어요. 1609년에는 일본 사람들이 쳐들어와 류큐를 자신들의 속국으로 만

류큐
지금의 오키나와로 일본과 타이완 사이에 길게 누워 있는 섬들을 이른다.

대한민국

일본

류큐

들었답니다.

　조선은 무역에 큰 관심이 없었지만 고려 때부터 류큐와는 왕래가 있었어요. 주로 류큐 사신들이 우리나라를 방문해 선진 문물을 받아 가고는 했죠. 그래서 문순득 일행도 류큐에서 고려인이라고 불리며 좋은 대접을 받았답니다. 그들은 양관촌이라는 곳에서 48일이나 머무르다가 류큐의 중심지에 있는 박촌(泊村)이란 곳으로 갔어요. 오늘날 비행기를 타고 오키나와에 가면 나하 국제공항에 내리는데, 박촌은 바로 그 나하라는 도시의 항구랍니다. 류큐의 수도가 있는 슈리성은 그곳에서 동쪽으로 조금만 가면 닿을 수 있죠.

　문순득 일행은 박촌에서 6개월을 더 머물다가 10월 초에 중국으로 가는 호송선을 탈 수 있었어요. 지금 같으면 우리나라 사람이 풍랑을 만나 오키나와에 닿으면, 아마 하루 이틀 사이에 연락이 되어 귀국할 수 있겠죠? 하지만 당시에는 오키나와를 정기적으로 오가는 조선의 배도 없었고, 조선과 빨리 연락할 수 있는 방법도 없었어요. 그래서 중국의 청나라에 문순득 일행의 신원을 알리고 청나라에서 류큐에 온 배가 다시 나갈 때까지 기다려야 했던 거죠.

　류큐는 아시아 대륙과 여러 섬나라들 사이에 있는 섬이다 보니 문순득 일행 말고도 다른 나라에서 온 표류민들이 적지 않았어요. 청나라로 떠나는 배는 모두 세 척이었는데, 그중 두 척에는 청나라 관리들을 태웠죠. 나머지 한 척의 배에 문순득 일행과 함께 중국 푸젠성에서 조난을 당한 중국인 32명, 그리고 중국으로 가는 류큐 사람 60명이 몸을 실었답니다. 문순득 일행은 그들과 함께 중국으로 갔다가 그곳에서 조선 사절단과 함께 귀국할 예정이었어요. 운이 좋았으면 류큐에 도착한 지 1년 만에 고향으로 돌아갈 수도 있었겠군요.

홍어 장수 문순득, 필리핀에 도착하다

　바다의 신은 아직 문순득을 고향으로 돌려보낼 생각이 없었나 봅니다. 문순득 일행을 태운 배는 10월 17일 서풍을 만나 열흘 남짓 떠돌다가 다시 동북풍을 만났어요. 11월 1일에야 낯선 곳에 도착해 닻을 내릴 수 있었죠. 섬나라에 대한 지식이 조금 있는 다른 나라 사람들에게 물어보니 그곳은 여송(呂宋)이라는 섬나라였어요.

여송은 '루손'을 중국어로 소리 나는 대로 쓴 한자랍니다. 루손섬은 7,000개나 되는 필리핀 섬들 중에서도 가장 큰 섬으로, 전체 필리핀 면적의 3분의 1을 차지하죠. 그곳에 필리핀 전체 인구의 절반 정도가 살고 있어요. 그러니까 우리나라 인구보다도 좀 더 많은 사람들이 살고 있다는 거죠. 필리핀의 수도인 마닐라는 이 섬의 중심부에 있답니다.

문순득 일행이 내린 곳은 루손섬의 북서쪽에 있는 살로마그라는 항구였어요. 당시 루손섬은 에스파냐의 식민 통치를 받고 있었죠. 그래서 살로마그처럼 에스파냐식 이름이 붙어 있는 거랍니다. 이 섬에 맨 처음 도착한 서양 사람은 포르투갈의 항해가인 페르디난드 마젤란이었어요. 그는 역사상 최초로 세계를 일주한 사람으로 유명하죠. 마젤란이 포르투갈 사람이긴 했지만 그가 항해를 할 수 있도록 지원해 준 나라는 에스파냐였어요. 그래서 그때부터 에스파냐의 식민 통치가 시작되었답니다. 필리핀이라는 나라 이름도 당시 에스파냐의 왕이었던 펠리페의 땅이라는 뜻이죠.

문순득은 살로마그에서 '일로미'라는 지역으로 가서 9개월 동안 살게 되었어요. 살로마그와 일로미는 모두 오늘날 일로코스수르라고 불리는 지역에 속해 있죠. 문순득이 살았던 일로미는 일로코스수르의 국제 무역항인 비간이라는 곳

성 바울 성당
살세도 광장 남쪽 끝에
위치하고 있다.

으로 짐작되고 있어요. 문순득이 남긴 기록에 보면 일로미에는 큰 성당이 있는데, 그 성당의 모습이 지금 비간 시청 주변에 있는 성 바울 성당과 똑같거든요.

문순득은 성당을 신묘(神廟)라고 불렀어요. 신을 모시는 사당이라는 뜻이죠. 그 신묘는 서른 칸에서 마흔 칸 정도 되는 크고 아름다운 집이었다고 해요. 집 안에는 신상을 모셔 놓았다고 하는데, 그 신상은 예수와 마리아의 상이었겠죠. 또 신묘 한쪽 꼭대기 앞에 탑을 세우고 탑 꼭대기에 황금빛 닭 모양의 풍향계를 설치했다는 기록도 남겼어요. 바람이 오는 방향으로 닭의 머리가 돌아가는 풍향계는 지금도 성 바울 성당에 그대로 있답니다.

성 바울 성당은 1790년에 짓기 시작해 1800년에 완공했다고 해요. 그러니까 문순득이 비간에 갔을 때는 이 성당이 세워진 지 2년도 채 안 된 새 건물이었겠군요. 그렇게 아름다운 신축 성당을 볼 수 있었다니, 문순득은 아주 운이 없는 사람은 아니었던 것 같아요.

홍어 장수 문순득, 필리핀을 떠나다

루손섬에 머문 지 4개월 만에 문순득은 고향으로 돌아갈 기회를 얻게 되었어요. 오키나와에서 타고 온 호송선의 수리가 끝났기 때문이죠. 하지만 그때 문순득은 배를 타지 못했어요. 루손섬에서 머무는 동안 들어간 비용을 필리핀에 지불해야 하는데, 그 문제가 잘 해결되지 않았던 거죠. 결국 호송선은 문순득 일행 중에 김옥문이라는 소년과 문순득만 남기고 출발해 버렸답니다.

문순득은 다른 배를 구할 때까지 산 설고 물 설은 루손섬에서 머물러야 했어요. 일행과 함께 가지 못하는 안타까움과 고향에 대한 그리움이 사정없이 밀려들었죠. 하지만 젊은 문순득은 그리움과 한숨만으로 날을 지새우지는 않았어요. 필리핀 말도 배우고 루손섬을 오가는 중국 상인들의 쌀 무역을 도우면서 집으로 돌아갈 여비를 마련해 나갔죠.

문순득이 머물던 비간이라는 도시에는 남중국해로 연결되는 두 줄기의 강이 흐르고 있어요. 서쪽으로 흐르는 강은 고반테스강이고 남쪽으로 흐르는 강은 메스티조강이죠. 그 가운데 메스티조강을 따라 내려가면 푸에르토항이라는 꽤 큰 항구가 있어요. 중국에서 무역을 하기 위해 들어오는 큰 배들도 메스티조강을 따라 비간 부근까지 들어오고는 했답니다. 워낙 중국과 많은 교역이 이루어졌기 때문에 문순득이 갔을 때에도 필리핀 사람들은 그 바다를 중국해라고 불렀다고 해요.

1803년 8월, 문순득은 마침내 푸에르토항에서 중국으로 가는 상선을 타고 루손섬을 떠나게 되었어요. 문순득의 표류기에는 마닐라가 비간으로부터 사흘 거리에 있다는 기록이 있어요. 그래서 어떤 사람들은 문순득이 마닐라로 가서 그곳을 떠나는 배를 탔을 거라고 추측하기도 하죠. 마닐라는 루손섬뿐 아니라 필리핀 전체에서 가장 큰 항구 도시니까 그렇게 추측하는 것도 무리는 아니에요. 하지만 비간과 강으로 연결된 푸에르토항도 꽤 큰 국제항이랍니다. 또 문순득의 표류기에는 마닐라에 가서 무엇을 했다는 기록이 전혀 없어요. 게다가 문순득과 김옥문을 태운 배가 향한 곳은 마카오였는데, 마카오는 마닐라보다는 푸에르토항에서 가는 게 훨씬 낫거든요. 그러니까 문순득은 푸에르토항에서 필리핀을 떠났다고 보는 게 더 합리적이죠.

홍어 장수 문순득, 마카오를 거쳐 귀국하다

문순득을 태운 중국 상선은 그해 9월 마카오에 도착했어요. 필리핀이 에스파냐의 식민 지배를 받고 있었다면 마카오는 포르투갈의 지배를 받았답니다. 필리핀과 마카오가 다른 점은 에스파냐의 완전한 식민지였던 필리핀과 달리 마카오는 포르투갈과 중국 청나라가 함께 관리하고 있었다는 거죠.

청나라는 항구 도시들이 외국과 교역하는 것을 엄격하게 통제하고 있었어요. 하지만 마카오는 특수 지역으로 분류해서 포르투갈 사람들에게는 개방했어요. 문순득이 마카오에 갔을 때 포르투갈의 관청과 청나라의 관청이 함께 있으면서 각자 나름대로 행정을 펼치고 있었죠.

문순득 이전에도 표류하다가 돌아온 조선 사람들은 있었지만 문순득처럼 서양 문물을 실컷 구경한 사람은 없었어요. 오키나와, 루손섬, 마카오 모두 당시에는 드문 동서양의 교역 중심지였기 때문이죠. 문순득은 루손섬의 비간에서 보았던 성당과 서양식 건물들을 마카오에서 더 많이 볼 수 있었답니다.

문순득은 마카오에서 포르투갈과 청나라의 확인 절차를 거쳐 청나라 호송인에게 인계되었어요. 청나라는 조선과 외교 관계도 있었고 난민 송환 절차에 대한 합의도 마련되어 있던 나라였죠. 따라서 문순득 일행은 먼저 청나라의 수도인 베이징까지 갔다가 그곳에서 조선의 사신들과 함께 귀국하는 과정을 밟았답니다.

문순득 일행은 육로에서는 수레를 타고 강이나 운하에서는 배를 타면서 5개월 만에 베이징에 도착했어요. 1804년 5월 19일의 일이었답니다. 그곳에서 고려관이라는 객사에 머물면서 청나라와 조선 사이의 송환 협상이 마무리되기를 기다렸죠. 당시 조선은 청나라에 사신을 자주 파견했어요.

임금의 즉위나 세자 책봉 같은 일을 보고하는 사절도 보내고 황제의 생일을 축하하는 사절도 보냈죠. 그 밖에도 청나라에서 하사하는 역법을 받으러 가는 사신도 있었고 정월이나 동지 같은 명절에 하례하러 가는 사신도 있었죠.

문순득 일행은 그해 11월 4일 역법을 받으러 온 조선 사절단과 함께 귀국길에 올랐어요. 수레를 타고 베이징을 출발해 국경 검문소인 책문을 지난 다음 압록강을 건넜죠. 의주를 거쳐 서울에 도착한 것은 12월 18일, 무안에서 배를 타고 고향인 우이도로 돌아간 것은 이듬해인 1805년 1월 8일이었답니다. 홍어를 사러 고향을 떠난 지 만 3년 2개월 만의 귀향이었죠.

파란만장했던 문순득의 표류기는 『표해록』이라는 책에 잘 기록되어 있어요. 『표해록』은 문순득이 직접 쓴 것이 아니라 정약용의 형인 정약전이 쓴 것이랍니다. 정약전은 당시 나라에서 금지하던 천주교를 믿었다는 이유로 흑산도에 유배되었죠. 그곳에서 남해의 물고기를 비롯한 바다 생물들을 자세히 연구해서 『자산어보』를 쓴 것

문순득의 표류 경로
만 3년 2개월 동안 류큐, 필리핀, 마카오, 중국을 일주하다시피 했다.

으로 유명해요. 바로 그분이 문순득의 이야기를 듣고 기록으로 남긴 것이 『표해록』이랍니다.

정약전이 흑산도로 유배를 떠날 때 전라남도 강진으로 유배당했던 정약용도 형을 통해 문순득의 이야기를 들었어요. 그때 정약용은 필리핀, 마카오 등지에서 이루어지는 무역에 대한 이야기에 큰 관심을 보였죠. 정약용이 사회 경제의 개혁을 위해 쓴 『경세유표』라는 책에는 동전의 크기를 줄여 중국으로 흘러 들어가는 금과 은의 양을 줄일 수 있다는 이야기가 나와요. 정약용이 이런 생각을 할 수 있었던 것도 형을 통해 들은 문순득의 체험담으로부터 도움을 받았기 때문이랍니다.

문순득은 조선에 돌아온 뒤로도 흑산도 일대의 홍어 장수로 이름을 날렸다고 해요. 제주도로 표류해 온 필리핀 사람들을 만나 그들이 고국으로 돌아갈 수 있도록 도와주기도 했답니다. 루손섬에서 배운 필리핀 말을 잊지 않고 있었기 때문에 가능한 이야기였죠. 무서운 풍랑을 한 번도 아니고 두 번이나 만나 뜻하지 않게 바다를 떠돌던 문순득 이야기는 오늘날 우리에게도 많은 걸 느끼게 해 줘요. 문순득의 표류기는 그 시절 아시아 각국의 사정을 알려 주는 희귀한 기록일 뿐 아니라 어려움을 겪고 있는 모든 사람에게 희망을 주는 인간 드라마랍니다.

마카오 성 바울 성당

마카오는 단순히 도박의 도시라고 하기에는 복잡한 역사를 가진 곳입니다. 마카오는 포르투갈의 식민지였고 홍콩과 더불어 한때 유럽 열강이 지배하던 시대의 상징으로 남은 도시랍니다. 그런 마카오에 우리나라 최초의 신부와 관련한 자취가 남아 있다니, 마카오가 다시 보이지 않나요? 이제부터 경건한 마음을 가지고 마카오를 다시 보는 시간을 갖도록 해요.

09

마카오에서
김대건 신부를 만나다

수도 마카오는 중화인민공화국에 속한 특별행정구이다.
면적 30.3km^2
언어 포르투갈어, 중국어
구기

마카오에 있는 김대건 신부 동상

마카오에 대해서 들어 보지 못한 독자는 거의 없을 겁니다. 하지만 마카오에 대해서 잘 알고 있는 독자도 거의 없을 겁니다. 그저 도박과 유흥의 도시 정도로 알고 있지 않나요? 물론 맞는 말이죠. 마카오의 중심부에는 카지노 시설을 갖춘 화려한 호텔들이 즐비하게 늘어서 관광객을 유혹하고 있으니까요. 미국의 라스베이거스를 연상시키는 환락과 도박의 도시인 건 분명합니다.

그러나 마카오는 단순히 도박의 도시라고 하기에는 복잡한 역사를 가진 곳입니다. 마카오는 오늘날 중국의 특별행정구로 분류되는데요, 중국에서 부르는 이름은 '아오먼(澳門)'입니다. 중국 광둥성 남쪽에서 헤이샤만이라는 바다를 사이에 두고 홍콩과 마주 보고 있죠. 홍콩(香港)도 중국의 특별행정구인데 중국 표준말로는 '샹강'이라고 해요. 마카오는 16세기에 포르투갈의 식민지가 되었고 홍콩은 19세기에 영국의 식민지가 되었죠. 그러다가 홍콩이 1997년에 중국으로 반환되고 마카오는 1999년에 반환되었어요.

마카오는 홍콩과 더불어 한때 유럽 열강이 아시아를 지배하던 시대의 상징으로 남은 도시랍니다. 당연히 마카오와 홍콩에는 식민지 시절 포르투갈과 영국이 남긴 서양 문화의 흔적이 곳곳에 새겨져 있죠. 그런 서양 문화의 흔적 가운데 두드러진 것은 유럽 사람들 대부분이 믿는 기독교의 자취예요. 놀라운 것은 그러한 기독교의 자취 중에는 우리나라와 관련

된 것도 있다는 사실이죠.

유럽의 기독교는 천주교와 개신교, 그리고 정교회로 나뉘어요. 천주교의 성직자인 신부는 천주교의 세계 본부라고 할 수 있는 로마 교황청이 임명해요. 우리나라 역사상 최초의 신부였던 김대건 신부가 성직자의 길을 걷기 위해 신학을 공부한 곳이 마카오랍니다. 도박의 도시로만 알고 있던 마카오에 우리나라 최초의 신부와 관련한 자취가 남아 있다니, 마카오가 다시 보이지 않나요? 이제부터 경건한 마음을 가지고 마카오를 다시 보는 시간을 갖도록 해요.

소년 김대건, 마카오에 가다

김대건은 1821년 충청남도 당진 부근에 있는 솔뫼라는 마을에서 태어났어요. 김대건의 집안은 독실한 천주교 가문이었죠. 우리나라에 천주교가 처음 들어온 것은 김대건이 태어나기 약 40년 전인 1784년이라고 해요. 그때 이승훈이라는 분이 처음으로 세례를 받고 신자들을 모으기 시작했다고 해요. 물론 그 이전부터 서학(西學)이라고 불리던 천주교를 신앙의 대상으로 삼았던 사람들은 많았어요. 특히 신분 차별로 고통 받던 일반 백성 사이에서 천주교는 빠른 속도로 퍼져 나갔답니다.

유교 나라였던 조선은 천주교를 철저하게 탄압했답니다.

김대건의 증조부도 천주교를 믿다 끌려가 10년이나 감옥살이를 하다가 순교했어요. 그때 할아버지 김택현은 경기도 용인으로 이사를 했죠. 그래서 용인이 사실상 김대건의 고향이랍니다. 그곳에서 김대건은 독실한 천주교도로 성장했죠.

김대건이 11세 되던 해 로마 교황청은 조선교구를 두었어요. 프랑스 출신의 모방 신부가 조선교구를 맡아 천주교 신자들을 모으고 이끌었죠. 그때 모방 신부는 장차 조선의 천주교를 이끌고 갈 어린 신자들을 찾았어요. 그들에게 신학을 체계적으로 가르쳐 신부로 키울 생각이었던 거죠. 바로 그때 김대건도 모방 신부의 눈에 들었답니다.

김대건은 15세의 나이에 마카오로 가게 되었어요. 당시 마카오에는 동양의 선교를 담당하는 파리외방전교회 극동대표부가 있었거든요. 이 동양경리부가 신학교를 운영하고 있었답니다. 김대건은 최양업, 최방제 등의 친구들과 함께 몰래 마카오로 가는 배에 몸을 실었어요. 지금이야 비행기를 타면 4시간도 안 되어 마카오에 도착하지만, 그때는 반년이나 걸리는 고난의 여정이었죠.

김대건과 친구들은 동양경리부의 책임자인 리부아 신부의 보살핌을 받으며 신부가 되기 위한 교육을 받았어요. 우선 기초 교양을 쌓기 위해 중등 교육을 이수한 뒤 철학과 신학을 배웠죠. 안타깝게도 함께 간 최방제는 마카오에 도착한 지 6개월 만에 세상을 떠나고 말았어요. 김대건과 최양업은 친구를 잃은 슬픔을 삼키고 더욱 열심히 공부해 우리나라의 첫 번째와 두 번째 신부가 되었답니다. 충청남도 솔뫼가 소년 김대건의 몸이 태어난 육신의 고향이라면 마카오는 소년 김대건을 천주교의 충실한 성직자로 길러낸 정신의 고향이었죠.

마카오의 나날들

오늘날 마카오는 중국 대륙과 이어진 북쪽의 반도와 남쪽의 섬으로 이루어져 있어요. 반도와 섬 사이에는 2개의 긴 다리가 연결되어 있지요. 유명한 카지노 호텔과 유흥 시설이 몰려 있는 곳은 남쪽 섬이고, 북쪽 반도는 포르투갈 식민지 시절의 중심지였기 때문에 문화유산들이 많답니다. 김대건의 자취는 당연히 북쪽 반도에 남아 있죠.

북쪽 반도의 중심에서 조금 서쪽으로 치우친 곳에 마카오에서 가장 유명한 성 바울 성당이 있어요. 마카오를 찾는 관광객들이 꼭 들르는 곳으로, 마카오를 상징하는 대표적인 문화유산으로 꼽힌답니다. 성 바울 성당은 포르투갈 군대가 요새로 쓰던 언덕 위에 크고 당당한 모습으로 우뚝 서 있어요. 그런데 막상 가서 보면 정면 부분만 남아 있고 성당 건물의 뒤편과 내부는 온데간데없이 사라져 버리고 없답니다.

예수회 선교사들이 교회당 겸 대학으로 성 바울 성당을 처음 지은 것은 1580년의 일이었어요. 그 무렵 유럽에서는 종교 개혁이 일어나루터, 칼뱅 등의 개혁가들이 로마 교황청을 비판하면서 천주교로부터 갈라져 나와 개신교를 창시하고 있었죠. 예수회는 이 같은 종교 개혁에 맞서 천주

마카오 성 바울 성당
1580년에 지어졌으나 화재로 훼손되었다가 1637년 재건축으로 완성하였다. 1835년 또 한 번의 화재로 전면만 남기고 허물어졌다.

교를 지키는 동시에 천주교를 참된 종교로 새롭게 태어나도록 하자는 뜻으로 생겨난 조직이었어요. 주로 에스파냐와 포르투갈에서 왕성하게 활동했죠. 이러한 예수회의 운동을 반종교 개혁이라고 하죠.

예수회는 천주교를 전 세계에 퍼뜨리기 위해 라틴아메리카와 아시아로 수많은 선교사들을 파견했어요. 마카오에 성바울 성당을 세운 것도 그러한 예수회 선교사들이었죠. 아시아에서 활동한 예수회 선교사들 가운데 가장 유명한 분은 프란시스코 하비에르와 마테오 리치랍니다. 하비에르는 아시아에서 처음으로 일본에 천주교를 전했고 마테오 리치는 중국에서 천주교를 정착시켰죠.

특히 마테오 리치는 중국의 명나라 황제에게 세계 지도인 곤여만국전도를 만들어 바친 걸로 유명해요. 그때까지 중국

에서 나온 세계 지도는 중국만 크게 그리고 세계의 나머지 부분은 별 의미 없이 주변에 그려 놓은 천하도가 대부분이었어요. 그런데 곤여만국전도는 중국을 가운데 그리기는 했지만 중국보다 훨씬 더 넓은 세계의 모습을 숨김없이 보여 주는 지도였어요. 당연히 중국 사람들에게는 큰 충격을 안겼죠. 조선에도 17세기 초에 이 지도가 전해져 조선 사람들의 세계관을 변화시키는 데 큰 영향을 미쳤다고 해요. 마테오 리치도 마카오의 성 바울 성당에서 공부를 했답니다.

성 바울 성당은 1595년과 1601년에 불이 나 완전히 타 버렸어요. 지금 남아 있는 성당은 1602년부터 새로 지은 건물이랍니다. 무려 35년이나 걸려 완성되었을 때는 아시아에서 가장 큰 성당이자 신학 대학으로 명성을 떨쳤죠. 김대건이 마카오에 처음 발을 딛었을 때는 그 크고 아름다운 성당이

곤여만국전도
이탈리아인 신부 마테오 리치와 명나라 학자 이지조가 함께 만들어 목판으로 찍은 지도. 중국을 가운데 그리기는 했지만 이전의 지도와는 달리 훨씬 더 넓은 세계의 모습을 보여 주는 지도로 조선 사람들의 세계관에 큰 영향을 미쳤다.

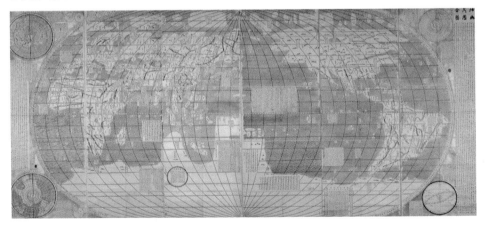

지금처럼 앞부분만 남은 상태였어요. 김대건이 도착한 1835년에 또 큰 불이 나서 뒷부분이 모조리 타 버린 거죠. 지금은 앞부분 말고는 좌우의 일부 벽면과 지하실만 남아 있답니다. 따라서 김대건은 이 성당에서 공부를 할 수는 없었죠.

김대건은 마카오에 머무는 동안 성 바울 성당에 자주 들러 간절한 기도를 올렸다고 해요. 당시 이 성당의 정문은 신부들만 통과할 수 있었어요. 그래서 김대건은 정문 앞의 돌계단을 무릎으로 기어오르면서 기도를 했어요. 꼭 신부가 되어이 문을 통과하게 해 달라고 말이죠. 그런 김대건의 모습을 기억하는 사람들은 모두 "믿음으로 안드레아를 따를 자는 없었다."라는 기록을 남겼답니다. 안드레아는 김대건의 세례명이었어요.

김대건과 최양업을 보살핀 파리외방전교회 극동대표부는 오늘날 터만 남아 있어요. 성 바울 성당에서 북쪽으로 언덕을 내려가 조금만 가면 있죠. 그 부근에 있는 카몽이스 공원

김대건 신부상
마카오 카몽이스 공원에
모셔져 있다.

에는 김대건 신부의 동상이 세워져 순례자들을 반기고 있답니다. 갓을 쓴 도포 차림에 영대를 걸치고 왼쪽 가슴에 성경을 안은 모습이죠. 1985년 10월 한국주교회가 세운 동상이라고 해요. 처음에는 공원 한쪽 구석에 있었는데 1997년에 지금처럼 잘 보이는 곳에 좌대를 두고 그 위에 김대건 신부의 동상을 얹었다고 합니다.

야자수가 늘어선 이국적인 공원에 도포를 쓰고 서 있는 김대건 신부의 모습은 그가 마카오에서 지낼 때의 모습을 떠올리게 해요. 날씨는 덥고 말은 안 통하고 음식은 입에 맞지 않고…… 아무리 단단한 결심을 하고 공부에 임했다고 해도 하루하루가 고통의 연속이었을 거예요. 고향과 가족이 얼마나 그리웠을까요? 게다가 김대건이 마카오에 온 지 4년째 되던 해에 조선에서는 또 한 번 천주교에 대한 탄압이 대대적으로 벌어졌어요. 그때 김대건의 아버지도 끌려가 모진 고초를 겪다가 순교했답니다. 그 소식을 들은 소년 김대건의 가슴은 찢어졌을 거예요.

하지만 김대건은 반드시 신부가 되어 성 바울 성당의 정문을 통과하겠다는 일념으로 열심히 공부했어요. 그리하여 5년 동안 학업을 성공적으로 마친 청년 김대건은 조선 최초의 신부가 될 수 있다는 부푼 꿈을 품고 마카오를 떠나게 되었답니다.

청년 김대건, 한국 최초의 신부가 되다

김대건이 마카오의 신학교를 졸업했을 때 조선교구에는 제3대 교구장으로 페레올 주교가 와 있었어요. 페레올 주교는 김대건과 그 일행에게 만주로 가서 두만강을 통해 귀국하라는 지시를 내렸어요. 당시는 조선 정부가 천주교를 엄격하게 금지하고 있었기 때문에 천주교 신자가 조선으로 들어오다 걸리면 죽음을 면치 못했죠. 그래서 배를 타고 해안으로 몰래 들어오고는 했어요. 페레올 신부는 김대건 일행이 두만강을 통해 조선으로 들어오는 경로를 개척하기를 기대한 거랍니다.

하지만 경비가 워낙 삼엄해 김대건은 두만강을 건너 고국으로 돌아오는 데 실패했어요. 하는 수 없이 만주로 돌아가 때를 기다리며 신학 공부를 계속했답니다. 24세 되던 해에 김대건은 신부를 도와 성당 일을 보는 부제(副祭)가 되었어요. 꿈에 그리던 신부가 되는 것도 이젠 시간 문제였죠.

부제가 된 김대건은 다시 귀국을 시도했어요. 이번에는 압록강을 건너 들어오는 길을 택했죠. 다행히 국경선을 무사히 넘은 김대건은 고향을 떠난 지 10년 만인 1845년 1월 고국으로 돌아올 수 있었답니다. 하지만 불법으로 출국했다가 불법으로 돌아온 신분이기 때문에 함부로 움직일 수는 없었죠. 아버지가 순교하고 안 계신 고향 집을 방문하는 것도 힘들었어요. 김대건은 서울에 머물며 정부의 박해를 받아 파괴된 교회를 재건하는 데 온 힘을 기울이다가 잠시 중국으로 다시 나갔어요. 신부가 되기 위해서였죠. 상하이의 완당(萬堂) 신학교에서 페레올 주교가 집전하는 예식을 치르고 마침내 우리나라 최초의 신부로 다시 태어났답니다.

신부가 되어 다시 귀국한 김대건은 조선교구의 부교장을 맡아 활발한 선교 활동을 했어요. 조선 사람이 직접 세례를 해 주니 신자들이 늘어나는 건 당연한 일이었죠. 그러나 하나님은 신부 김대건에게 이 세상에서는 그리 많은 시간을 허락하지 않았어요. 이듬해 5월 김대건은 서해를 통해 서양 성직자가 들어오는 길을 개척하다가 황해도 앞바다에 있는 순위도에서 체포되고 말았답니다.

정부는 김대건을 서울로 압송한 뒤 조사를 벌여 김대건이 몰래 외국에 나가 공부한 사실과 조선 천주교의 지도자적인 인물이 된 사실을 확인했어요. 지금 같으면 자랑스러운 일이지만 천주교를 금지하고 있는 조선에서는 죽음을 면할 수 없는 죄였답니다.

김대건은 옥중에서 정부의 요청을 받아 세계 지리를 간략히 정리한 책을 쓰고 영국에서 만들어진 세계 지도를 번역하는 일을 했어요. 정부는 외국에 대한 정보를 얻기 위해 김대건에게 시킨 일이지만, 김대건은 이로 인해 조선 정부가 조금이라도 새로운 세계에 눈을 뜨기를 바랐답니다.

1846년 9월 16일 김대건은 26세의 한창 나이에 새남터에서 망나니의 칼을 맞고 세상을 떠났어요. 그가 신부로서 선교 활동을 한 것은 1년 남짓밖에 안 되지만 그 짧은 시간 동안 정말 의욕적으로 일을 했답니다. 아마도 하나님은 그의 믿음과 재능을 너무나 탐내 지상에서보다 하늘에서 큰일을 맡기기 위해 일찍 데리고 간 것 같아요. 로마 교황청은 1925년 김대건을 복자로 선포하고 1984년에는 성인으로 선포했어요. 성인이란 생전에 만인의 모범이 되는 덕행을 펼쳐 죽은

절두산 순교 성지
1866년 병인박해 때 순교한 천주교인의 신앙과 얼을 알리기 위해 병인박해 100주년인 1966년 10월에 건립을 시작해 1967년 10월에 완공하였다.

김대건 신부의 유해가 묻혀 있다고 전하는 마카오의 성 안토니오 성당 내부 모습(위).
성당 안의 김대건 신부 목상(왼쪽)

다음 천국에 가 있을 것이 확실한 신자에게 붙이는 칭호랍니다.

　김대건 신부의 동상이 세워져 있는 카몽이스 공원 바로 옆에는 성 안토니오 성당이 있어요. 이 성당에는 교포 신자가 바친 김대건 신부의 목상이 있고 한국인 신부와 수녀들이 신도들을 이끌고 있죠. 성 안토니오 성당의 제대 아래에는 김대건의 유해가 묻혀 있다는 이야기가 전하고 있어요. 유해가 아니라 유품이라는 말도 있죠. 이처럼 카몽이스 공원과 성 안토니오 성당은 한국인 최초의 신부인 김대건의 흔적을 간직하고 오늘도 마카오라는 낯선 도시와 우리나라를 이어 주고 있답니다.

인도 마니푸르에 있는 임팔 전쟁 묘지

미얀마는 중국과 인도 사이에 있는 큰 나라지만 오랜 세월 영국의 식민 지배와 군부 독재에 시달려 경제 성
장도 늦고 민주화도 늦어졌어요. 하지만 지금은 미얀마가 우리나라와 협력할 일도 조금씩 늘어나고 있답니
다. 70여 년 전 미얀마에서 일본군을 몰아내기 위해 싸우던 한국 사람들이 있었다고 해요. 왜 그들이 미얀마
까지 가서 일본군과 싸웠는지 일제강점기로 들어가서 알아보아요.

10

미얀마에서
한국광복군을 만나다

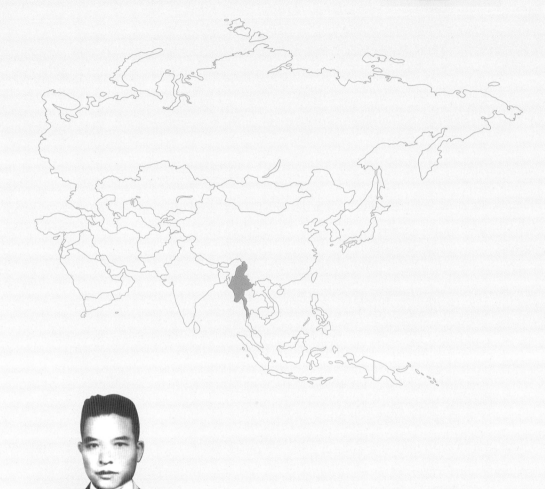

수도 네피도
면적 67만 6,590km^2
언어 미얀마어
국기

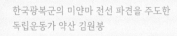

한국광복군의 미얀마 전선 파견을 주도한
독립운동가 약산 김원봉

미얀마는 중국과 인도 사이에 있는 큰 나라예요. 땅은 한반도보다 3배나 더 크고 인구도 우리나라보다 더 많죠. 하지만 오랜 세월 영국의 식민 지배와 군부 독재에 시달리다 보니 경제 성장도 늦고 민주화도 늦어졌어요. 미얀마 독립운동의 아버지로 불리는 아웅산 장군의 딸 수치 여사가 군부로부터 정권을 넘겨받은 뒤로는 조금씩 나아지고 있지만 말이죠.

미얀마는 예전에 버마라고 불렸는데, 그 시절 우리나라와 관련된 일들이 조금 있었어요. 버마는 동남아시아에서는 꽤 축구를 잘하는 나라였죠. 1970년대 우리나라에서는 박정희 대통령컵 국제축구대회가 정기적으로 열렸는데, 그때 버마는 우리나라와 우승컵을 놓고 다투고는 했답니다. 1983년 10월에는 전두환 대통령이 버마를 방문해 아웅산 묘소를 참배했다가 북한 소행으로 밝혀진 테러를 당하기도 했죠.

지금은 미얀마의 경제가 조금씩 살아나면서 우리나라와 협력할 일도 조금씩 늘어나고 있답니다. 하지만 여전히 우리에게 낯선 나라인 건 틀림없죠. 수십 년 전 미얀마에서 일본군을 몰아내기 위해 싸우던 한국 사람들이 있었다는 사실을 아는 사람은 거의 없을 거예요. 한국광복군 소속의 아홉 전사들이었답니다. 그때는 우리나라나 미얀마나 일본의 지배를 받던 시절이었죠. 그러면 우리나라에 들어와 있는 일본군을 몰아내기 위해서 싸워야지 왜 미얀마까지 가서 일본군과 싸웠을까요? 그 이유를 알아보기 위해서라도 그 옛날 미안마 전선으로 가서 한국광복군의 독립투사들을 만나 보도록 합시다.

미얀마가 일본군의 손에 들어가다

2015년과 2016년에 잇달아 개봉한 영화 〈암살〉과 〈밀정〉은 해외에서 독립운동을 하던 투사들의 이야기입니다. 두 영화에는 모두 김원봉이라는 독립운동 지도자가 나오죠. 〈암살〉에는 실명으로 나오고 〈밀정〉에는 가명으로 나오지만, 독립운동사를 조금이라도 아는 사람이라면 김원봉을 모델로 했다는 것을 금방 알아볼 수 있었어요. 대한민국임시정부의 주석을 지낸 김구 선생보다 일제가 더 많은 현상금을 걸었다는 말이 있을 만큼 독립운동의 전설과 같은 존재였죠.

김원봉은 조선민족혁명당이라는 독립운동 단체를 조직하고 산하에 조선의용대라는 독립군 조직을 꾸려 대장을 맡고 있었어요. 1939년 독일이 폴란드를 침공해

김원봉
호는 약산(若山)으로 의열단을 조직하여 무장 항일 투쟁을 전개하였다. 1948년 4월 남북 연석회의에서 축사를 낭독하는 모습이다.

제2차 세계대전이 일어나자 김원봉은 전쟁이 어떻게 전개되는지 눈을 크게 뜨고 지켜보았어요. 일본은 독일과 한편이 되어 아시아에서 독일의 적인 미국, 영국 등 연합국을 공격하기 시작했죠. 김원봉은 중국과 함께 항일 전선을 펴고 더 나아가 동남아시아에서 미국, 영국과 연합 전선을 펼치면 훗날 독립을 쟁취하는 데도 도움이 될 거라고 생각했어요.

1941년 김원봉은 조선의용대 지도 위원인 한지성을 홍콩, 싱가포르, 필리핀 등 동남아시아에 파견하기로 하고 중국 국민당에 협력을 요청했어요. 중국 국민당도 좋다고 했죠. 하지만 여러 가지 복잡한 문제들이 얽히면서 한지성이 동남아시아로 가는 것은 수포로 돌아가고 말았답니다.

그해 12월에는 일본이 미국 하와이의 진주만에 폭격을 가하면서 제2차 세계대전이 태평양 지역으로까지 확대되었어요. 그때 김원봉은 김구가 이끌던 임시정부와 힘을 합치기로 결정한답니다. 미국, 영국, 중국 등 여러 민주 국가가 일본을 상대로 힘을 모으는 마당에 독립운동가들도 힘을 합쳐야 된다고 생각한 거죠. 중국 국민당도 김구와 김원봉에게 힘을 합치라고 요청했답니다. 이듬해 7월에는 조선민족혁명당 산하에 있던 조선의용대도 임시정부 산하에 창설된 한국광복군으로 들어갔죠.

바로 그 무렵 일본군은 미얀마를 침략해 그곳에 있던 영국군을 밀어냈어요. 일본이 미얀마를 차지하고 있으면 미국,

영국, 중국 등 연합군은 인도와 미얀마 사이의 바다인 벵골만을 통해 병력과 물자를 실어 나를 수 없어요. 그래서 연합군은 인도와 중국에서 동시에 일본군을 공격해 미얀마를 되찾기로 결정했답니다. 인도와 미얀마의 국경에서 엄청난 전투가 벌어질 참이었던 거죠. 김원봉은 이제 한국광복군의 이름으로 미얀마 파병을 추진해 나갔어요.

영국군, 한국광복군에 지원을 요청하다

1942년 10월 인도와 미얀마 국경 지대에서 일본과 맞서고 있던 영국군 사령부가 김원봉의 조선민족혁명당에 한국인 대원을 파견해 달라고 요청해 왔어요. 김원봉은 물론 좋다고 했죠. 문제는 영국군과 조선민족혁명당이 합의한다고 해서 바로 대원을 보낼 수 있는 게 아니라는 데 있었어요. 조선민족혁명당은 이제 임시정부의 한 정당이 되어 있었고, 임시정부는 군사 작전을 할 때 중국 국민당의 허락을 받아야 했어요. 그러니까 임시정부 산하에 있는 한국광복군 대원을 영국군의 요청대로 미얀마 전선에 보내려면 중국의 승인을 받아야 했던 거죠.

중국은 영국과 함께 일본에 맞서 싸우는 중이었기 때문에 어렵지 않게 영국의 요청을 받아들였어요. 중국 정부는 주세민과 최성오라는 한국광복군 대원들에게 영국 정보국 직원의 명의로 출국 증명서를 내주었답니다. 두 대원은 이듬해인 1943년 2월 영국군이 주둔하고 있던 인도의 콜카타로 갔어요. 그곳에서 공작원 훈련을 받고 미얀마 국경 지대의 전선에 투입되었죠. 그러나 두 대원은 한 달 만에 임시정부가 있는 중국 충칭으로 돌아오고 말았답니다.

본격적인 미얀마 탈환 작전을 앞두고 2명의 한국인 대원으로는 부족하다고 생각한 걸까요? 그해 5월 영국군은 김원봉에게 사람을 보내 더 많은 한국인 대원을 미얀마 전선에 파견한다는 협정을 맺었어요. 영국군이 파견한 사람은 영국 특수공작대(SOE) 동남아시아 담당 책임자였던 맥켄지였죠. 그때 영국이 요청한 인원은 25명이었어요.

김원봉과 맥켄지가 맺은 협정은 단지 영국인이 지휘하는 항일 전선에 한국인 대원을 파견한다는 약속이 아니었어요. 한국과 영국이 일본에 맞서는 전쟁에서 연합 전선을 구축한다는 뜻이 그 협정에 들어 있었죠. 물론 이 협정에 따라 25명을 보내는 것도 중국의 허락이 있어야 했어요. 그런데 중국 당국은 영국의 요청을 다 들어주지는 않았어요.

중국 군사위원회의 허잉친 장군은 영국이 요청한 25명 가운데 우선 9명만 보내고 나머지 16명은 나중에 보내자고 했어요. 먼저 보내는 9명은 한국광복군에서 선발해야 한다는 조건도 내걸었죠. 김원봉이 이끌던 조선의용대가 이미 한국광복군에 흡수된 마당에 왜 이런 조건을 걸었을까요?

당시 한국광복군을 구성하는 대표적인 두 세력이 김원봉과 김구였어요. 그 가운데 영국 쪽에서 부탁을 해 온 인물도 김원봉이고 영국과 협정을 맺은 것은 김원봉이었죠. 따라서 미얀마에 파견할 대원을 선발할 권한은 사실 김원봉에게 있었죠. 그런데 중국 국민당은 김원봉을 경계하고 있었어요. 김원봉이 좌익 쪽에 기운 인물이었기 때문이죠. 그러니까 한국광복군에서 대원을 선발하라는 이야기는 김원봉 쪽 사람들만 보내지 말고 김구 쪽 사람도 포함시켜 보내라는 뜻을 담고 있었답니다.

1943년 8월 29일, 마침내 9명으로 이루어진 한국광복군 인면공작대가 충칭을 떠나 인도 콜카타로 향하는 비행기에 몸을 실었어요. '인면공작대'가 무슨 뜻이냐고요? 인(印)은 인도를 가리키고 면(緬)은 미얀마를 가리키는 한자랍니다. 그러니까 인도와 미얀마 전선에서 공작을 펼칠 한국광복군 특별 대원들이라는 뜻이죠.

김원봉이 1941년부터 동남아시아로 파견하려던 한지성이 인면공작대의 대장을 맡았어요. 부대장은 문응국이라는 분이었죠. 7명의 대원도 앞으로 미얀마에서 자랑스러운 활약을 펼칠 테니까 이름을 기억해 두세요. 최봉진, 김상준, 나동규, 박영진, 송철, 김성호, 이영수랍니다.

여기서 궁금한 게 있지 않나요? 영국군은 왜 김원봉에게 한국인 대원들을 미얀마 전선에 보내 달라고 요청한 걸까

요? 그냥 병력이 모자라는 거라면 중국군을 보내 달라고 해
도 됐을 텐데 말이죠. 한국인 대원이 아니면 안 되는 이유가
있었답니다. 일본군과 맞서 싸우는 데 한국인보다 더 나은
요원은 없었던 거예요. 한국인들은 다른 외국인보다도 더 일
본어에 능하고 일본 풍습을 잘 알았어요. 또 일본 사람들의
심리를 이해하고 그들의 습관을 꿰뚫고 있었죠. 따라서 일본
군을 상대로 심리 공작을 펼치고 일본군 문서를 번역하고 일
본군의 동향을 파악하는 데 한국인은 최고의 요원이 될 수
있었답니다.

인면공작대
1943년 인도 미얀마 전선에
투입되어 영국군과 같이
활동한 인면공작대원들이다.
(뒷줄 왼쪽부터 시계 방향)
문응국, 김상준, 박영진,
최봉진, 나동규, 송철, 베이컨
(영국군 연락 장교),
한지성, 김성호

헌지성 대장을 중심으로 9명의 한국광복군 대원은 그러한 임무를 펼치기에 가장 적합한 사람들이었어요. 일본어뿐 아니라 영어에도 능하고 전투를 수행할 만한 체력과 정신력을 골고루 갖추고 있었죠. 이제 그들의 활약상을 살펴볼 시간입니다.

전선에서 맹활약하는 한국광복군 공작대

비행기 편으로 콜카타에 도착한 인면공작대는 9월 15일 델리로 이동해서 영어 교육부터 받았어요. 델리 근교에 윌리엄이라는 선교사가 세운 인그라함 학교가 교육장이었죠. 윌리엄은 충청남도 공주에서 35년이나 선교사로 활동했기 때문에 한국말을 매우 잘하는 사람이었어요. 1940년 11월 일제에 의해 강제 추방당한 뒤 일본을 거쳐 인도로 갔다가 인도 사람들에게 농업 기술을 가르치기 위해 이 학교를 세웠죠. 그런 사람에게 영어를 배운다면 정말 귀에 쏙쏙 들어올 것 같지 않나요?

영어를 배우면서 동시에 일본군을 상대로 일본어로 방송하는 방법도 배우고, 일본군을 상대로 한 전단을 작성하는 방법도 훈련했어요. 전장에서 노획하게 될 일본군 문서를 영어로 번역하는 능력도 키웠죠. 워낙 사명감과 능력이 뛰어난 대원들이라 이 모든 교육을 3개월 만에 마칠 수 있었답니다.

한국광복군
제2차 세계대전 전선에서
맹활약한 대한민국임시정부
산하의 독립군

　인면공작대가 본격적으로 인도-미얀마 전선에 배치된 것
은 1944년 2월이었어요. 9명 가운데 송철은 델리의 영국군
사령부에서 근무했고, 이영수와 최봉진은 콜카타 방송국에
배치되었어요. 한지성 대장을 비롯한 6명은 부야크라는 곳
으로 이동했다가 서로 다른 영국군 부대에 나뉘어 배속되었
죠. 문응국, 김상준, 나동규는 영국군 201 전지선전대와 함
께 임팔이란 곳의 전선에 투입되었어요. 박영진과 김성호는
204 전지선전대와 함께 아라칸 전선으로 보내졌죠. 한지성
대장은 델리로 가서 영국군과 작전을 논의한 뒤 잠시 콜카타

에 머물다가 박영진, 김성호와 합류했답니다.

먼저 201부대와 함께한 문응국 조의 활약상을 볼까요? 세 사람이 미얀마 국경의 임팔에 도착한 것은 2월 12일이었어요. 임팔은 미얀마로 진격할 수 있는 요지였죠. 영국군은 이곳을 기지로 삼아 미얀마의 일본군을 공격하려고 벼르고 있었는데, 일본군이 먼저 국경을 흐르는 친드윈강을 건너 임팔로 쳐들어왔어요. 3월 9일의 일이었죠. 이것이 제2차 세계대전의 역사에서도 유명한 임팔 대회전의 시작이었답니다.

201부대가 속해 있던 영국군 17사단은 반격을 펼쳐 미얀마 영내의 티딤이란 곳을 향해 진격해 들어갔어요. 하지만 그것은 일본군 33사단의 계략이었죠. 일본군은 영국군을 끌어들인 후 포위 공격을 펼쳤어요. 문응국과 2명의 대원도 201부대와 함께 티딤에 갇혀 버렸죠. 바로 그때 한국인 대원들의 활약은 빛을 발했답니다. 그들은 탈출로를 찾는 과정에서 노획한 일본군 작전 문서를 자세히 분석했어요. 그 결과 일본군의 병력이 어떻게 배치되어 있는지 알아냈어요. 상대방이 어디에 얼마나 있는지 안다면 포위망을 뚫기가 좀 더 쉽겠죠? 영국군 17사단은 한국인 대원이 알아낸 정보 덕분에 적의 포위에서 벗어나 임팔로 돌아갈 수 있었답니다.

문응국 팀이 임팔로 돌아가자 한지성 대장 팀이 그들을 반겨 주었어요. 한지성 대장과 2명의 대원은 아라칸 전선에 투입되었다가 대회전이 벌어지던 임팔로 이동했던 거죠. 6명

임팔 전쟁 당시 모습
일본은 인도의 임팔에 주둔한
연합군을 공격하려 했으나
크게 패배하고 미얀마로
후퇴했다.

의 대원은 5월까지 임팔 지역에서 일본군을 상대로 서른 번
도 넘는 방송을 했어요. 또 열 번도 넘게 포로 심문을 하고,
일본군 작전 문서를 번역하는 일도 했답니다.

　그들은 일본군을 상대로 방송만 한 게 아니라 일본어로 된
신문도 이틀에 한 번 꼴로 발행했어요. 5월부터 6월 초까지
10호를 발간한 〈병대동무〉란 공작신문이었죠. 한국광복군
인면공작대가 이처럼 맹활약을 펼치자 군인들을 위해 발간
되던 영국 신문도 그들을 취재하고 사진과 함께 널리 소개했

다고 합니다. 그 신문에는 다음과 같은 기사가 실려 있었어요.

"한국광복군은 중국 경내에서 성립했다. 그중 약간을 인도에 파견해 연합국과 어깨를 겨누어 작전하며 공동의 적을 치고 있다."

그해 7월 15일 일본군은 6만 5,000명의 사상자를 내고 인도-미얀마 국경 지대에서 전면 퇴각했어요. 9명의 한국광복군 용사들도 연합군과 더불어 승리의 기쁨을 만끽했답니다.

연합군이 미얀마 진공 작전을 준비하면서 한국광복군 인면공작대의 구성에도 작은 변화가 생겼어요. 7월 31일 나동규 대원이 충칭으로 돌아가고 새로운 대원으로 안원생이 합류했어요. 안원생은 하얼빈에서 이토 히로부미를 총살한 안중근 의사의 조카랍니다. 한때 축구 선수로도 활약했기 때문에 특수 공작을 해낼 수 있는 체력은 충분한 분이었죠.

12월 16일에는 한지성 대장이 충칭으로 일시 귀환했어요. 그동안의 활동 상황도 보고하고, 애초에 영국과 약속했던 16명의 인원을 보충하는 문제도 논의하려는 것이었죠. 영국군 동남아시아지구 사령관 루이스 마운트배튼 경은 임팔 대회전에서 한국광복군이 보여 준 활약에 대만족이었어요. 그래서 하루빨리 더 많은 한국광복군이 연합군에 들어와 미얀마 전선을 누비기를 바랐답니다.

미얀마에서 일본군을 몰아내다

영국군은 해가 바뀌자마자 국경을 넘어 미얀마로 진군했어요. 9명의 한국광복군도 이 작전에 참가해서 미얀마 제2의 도시 만달레이를 수복하는 데 공을 세웠죠. 그러는 동안 충칭에서는 임시정부와 중국 국민당 사이에 추가 병력 파견 문제를 협의했어요. 중국 쪽에서는 결국 5명의 인원만 더 보내는 것을 허락했답니다. 하지만 5명의 추가 병력은 끝내 미얀마로 가지 못했어요. 중국 사람들이 시간을 질질 끄는 동안 일본군이 항복해 버렸으니까요.

영국군은 4월 초에 만달레이를 수복한 데 이어 한 달 뒤에는 당시에 미얀마의 수도인 양곤까지 점령했어요. 이로써 미얀마 전선에서 벌어진 연합군과 일본군 사이의 전쟁은 영국

미얀마 양곤
양곤은 미얀마 최대 도시로 정치, 경제의 중심지이다. 2005년 11월까지 미얀마의 수도였으나 지금은 네피도로 수도가 이전했다.

군의 승리로 막을 내리게 되었죠. 영국군이 승리할 수 있었던 데는 중국군이 중국과 미얀마 국경에서 일본을 몰아붙이고 미군이 공중 폭격으로 영국군을 엄호해 준 덕분이기도 했어요. 물론 일본군에 대한 심리전에서 탁월한 전과를 올린 한국광복군 인면공작대의 공로도 빼놓을 수 없겠죠?

머나먼 미얀마 전선에서 일본군과 싸워 이기고 한국인의 기개와 독립 의지를 만방에 떨친 9명의 용사들! 그들은 영국군과 함께 인도의 콜카타로 철수했다가 그곳에서 해방을 맞았답니다. 그리고 약 한 달이 지난 9월 10일 전원 무사히 충칭으로 귀환했어요.

우리는 보통 연합군의 힘으로 해방된 걸 안타까워합니다. 우리 손으로 이 땅에서 일본을 몰아내지 못했기 때문이죠. 하지만 지금까지 본 것처럼 우리 독립군은 비록 적은 수지만 연합군의 일원으로 참전해 인도와 미얀마에서까지 항일 전쟁을 수행했어요. 이제 미얀마하면 끔찍했던 아웅산 묘소 테러만 떠올릴 필요는 없겠죠? 그곳에서 연합군의 일원으로 일본군과 싸운 9명의 자랑스러운 한국광복군이 있었으니까요.

여기서 잊지 말아야 할 사실이 또 하나 있어요. 우리는 일본한테만 식민 지배를 받았기 때문에 미얀마에서 일본군을 몰아낸 것으로 미얀마가 해방되었다고 생각하기 쉬워요. 하지만 미얀마는 일본이 들어오기 전에 영국의 지배를 받고 있었답니다. 그러니까 일본군을 물리친 것은 두 침략자 가운데 좀 더 나쁜 쪽으로부터 벗어난 데 불과한 거죠. 미얀마 사람들은 그 후 영국군마저 물러간 다음에야 해방과 독립을 맞이할 수 있었답니다.

한국광복군이 미얀마 전선에서 영국군과 함께 일본군을 물리친 것은 정말 놀랍고 멋진 일이었어요. 그렇다고 해서 우리가 미얀마를 해방하는 데 도움을 주었다고 말하면 안 되겠죠? 미얀마 사람들이 영국과 일본 사이에서 받은 고통을 잘 이해하는 것이야말로 진정으로 그 나라와 친구가 되는 길이랍니다.

이 책의 원고를 정리하는 사이에 언짢은 뉴스를 듣게 되었습니다. 필리핀에서 꽤 인기 있는 네티즌이 팔에 문신을 했는데, 그 모양이 욱일기를 닮았다고 하더군요. 욱일기는 침략적인 일본 제국주의의 상징이기 때문에 한국인에게는 금기의 대상이죠. 하지만 언짢았던 것은 그 필리핀 사람이 욱일기를 연상시키는 문신을 했기 때문만은 아니었어요. 그 사람이 욱일기의 의미를 알고도 일부러 그랬다면 물론 언짢은 정도가 아니라 매우 화가 났겠죠. 뉴스를 보니까 그런 건 아니었어요. 한국의 네티즌들이 항의하자 바로 사과하고 문신을 가리거나 지우겠다고 했다는군요.

정말 언짢았던 것은 일부 한국 네티즌의 지나친 반응이었어요. 사회관계망 서비스를 통해 필리핀 사람들을 키 작고 가난한 국민으로 비하하는 악담을 퍼부었더군요. 같은 아시아 사람끼리 정말 해서는 안 될 행동이었어요. 아니, 아시아 사람이 아니라 지구촌의 어느 누구한테도 해서는 안 될 행동이었죠. 그것이야말로 욱일기를 휘날리며 아시아를 침략하던 일본 제국주의자들이 하던 짓이었으니까요.

지금 한국은 일본이 무시해도 좋은 나라가 아닙니다. 세계 모든 나라가 그 사실을 잘 알고 있죠. 그렇다고 해서 옛날 일본이 그랬던 것처럼 우리가 다른 나라 사람들을 무시해도 좋은 건 결코 아닙니다. 아시아 사람들이 일본의 침략을 받으면서 깨달은 교훈은 무엇일까요? 이 세상 어떤 민족도 다른 민족으로부터 멸시를 당할 만큼 못난 민족은 없다는 것 아닐까요? 지금은 초라해 보이는 어떤 민족도 한때는 수준 높은 문화를 꽃피운 적이 있고, 언젠가는 세계를 앞장서서 이끌 잠재력이 있답니다. 일부 필리핀 네티즌들이 항변하면서 했던 말처럼 옛날에 필리핀이 한국에 원조를 해 준 적이 있다는 사실은 좋은 사례죠.

양식 있는 한국 네티즌들이 사과를 하고 필리핀 네티즌들이 화답을 하면서 잠시 불편했던 두 나라 국민 사이가 풀어졌다는 소식을 듣고 기뻤습니다. 다가오는 아시아 시대를 앞두고 다시는 이런 일이 일어나지 않기를 바랍니다. 아시아 시대가 오고 있다는 것은 힘 좀 있다고 남을 업신여기고 해코지하던 야만의 시대가 끝나 가고 있다는 것을 의미하니까요. 이 책이 아시아의 여러 나라에 좀 더 가까이 다가가는 데 도움이 되었기를 바라며 조상들의 특별한 발자취와 함께 한 아시아 역사 여행을 마치겠습니다.

강화군청
148쪽 강화산성

국립경주박물관
81쪽 계림로 보검과 공작 문석

국립공주박물관
55쪽 무령왕과 왕비 목관

국립중앙박물관
49쪽 일본서기

봉화군청
126쪽 덴도 축제, 133쪽 충효당, 138쪽 덴도 축제

셔터스톡
74~75쪽 페르세폴리스 벽화, 90~91쪽 파미르고원, 98쪽 카라코람 도로, 102쪽 탈라스강, 136쪽 리 왕조 종묘, 140~141쪽 스투파, 160~161쪽 루손섬, 167쪽 슈리성, 170쪽 성 바울 성당, 176~177쪽 마카오 성 바울 성당, 183쪽 마카오 성 바울 성당, 185쪽 마카오, 189쪽 절두산 성지, 192~193쪽 임팔 전쟁 묘지, 207쪽 미얀마 양곤

신안군청
162쪽 문순득 동상, 165쪽 우이도

연합포토
34쪽 G7 정상 회담, 39쪽 2019년 아시안컵, 56쪽 일본 속의 백제, 85쪽 처용 얼굴, 108~109쪽과 114쪽 크라스키노 유적, 117쪽 상경성 궁전터, 145쪽 쿠빌라이, 155쪽 공민왕릉, 178쪽과 186쪽 김대건 신부 동상

영암군청
44쪽 왕인 박사

위키미디어

11쪽 2018년 아시안 게임, 51쪽 전왕인묘, 88쪽 알 이드리시 세계 지도, 103쪽 당나라 현종, 124~125쪽 후에 황궁, 129쪽 리꽁우언, 135쪽 화산 이씨 족보, 142쪽 기황후, 144쪽 칭기즈 칸 동상, 150쪽 원혜종, 184쪽 곤여만국전도, 194쪽과 196쪽 김원봉, 201쪽 인면공작대, 203쪽 한국광복군, 205쪽 임팔 전쟁

저자 소장

40~41쪽 왓소 축제, 42쪽 왓소 축제 깃발, 60쪽 신라의 무인상, 63쪽 돌궐 비석, 67쪽 무인상, 68쪽 황금가면, 76쪽 페르시아인, 79쪽 이슬람 사원, 84쪽 처용암, 92쪽 쿠차의 고성 표지석과 유적지, 95쪽 양주 옛 성, 96쪽 문성공주, 110쪽 정효공주 무덤 벽화, 190쪽 성 안토니오 성당과 김대건 신부 목상

주일한국대사관 한국문화원

52쪽 왕인 박사 기념비

해외문화홍보원 코리아넷 플리커

58~59쪽과 69쪽 아프라시압 벽화

아시아에서 만난 우리 역사

2021년 1월 8일 1판 1쇄 발행
2022년 6월 30일 1판 2쇄 발행

글   강응천

펴낸이   임상백
편집   박미나
디자인   이혜희, 정든해
제작   이호철
독자감동 이명천, 장재혁, 김태운
경영지원 남재연

ISBN 978-89-7094-241-4 43900

펴낸곳 한림출판사 | 주소 (03190) 서울특별시 종로구 종로12길 15
등록 1963년 1월 18일 제 300-1963-1호
전화 02-735-7551~4 | 전송 02-730-5149 | 전자우편 info@hollym.co.kr
홈페이지 hollym.co.kr | 블로그 blog.naver.com/hollympub
페이스북 facebook.com/hollymbook | 인스타그램 instagram.com/hollymbook